소명 훈련

로 드 인 이 해 하 기

소명 훈련, 로드인 이해하기 ───────────────

1판 1쇄 발행 2025.05.30
ISBN: 979-11-91928-25-9

지은이 도현명 박한올 윤남희 최재영 홍찬희
발행인 오승환
디자인 김효선
발행처 북샤인 출판사

재단법인 심센터
주소   서울시 성동구 서울숲길 53 4F
전화   070-7797-7326
이메일 info@seamcenter.org

· 이 책은 저작권법에 따라 보호 받는 저작물이므로 무단 전재와 복제를 금합니다.
· 이 책에 실린 글과 그림 등 모든 내용의 저작권은 저자에게 있습니다.
· 심센터의 동의 없이 복제 내지 전송 등 어떤 형태로도 사용할 수 없습니다.

하나님은 어떤 일을 위해 나를 부르셨을까?

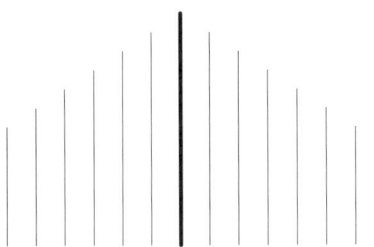

소명 훈련

로드인 이해하기

―― **재단법인 심센터** 지음 ――

ROAD-IN
MOVEMENT

꿈을 잃어버린 청년들에게 전하는 이야기

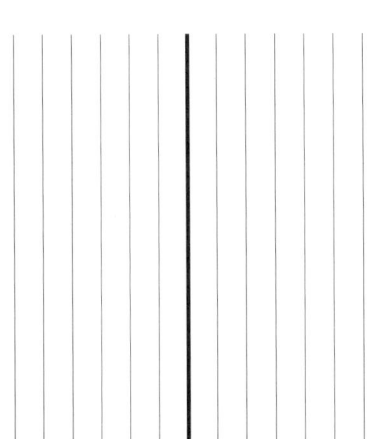

차 례

소명 훈련의 배경과 구조 ······ 06
프롤로그: 바디매오의 길 ······ 10

1장 길가에 기댄 인생 ······ 25

꿈이 사라진 세대 / 꿈과 소명의 만남 / 진정한 소망의 근원
/ 길가에서 길 안으로

2장 복음과 소명 ······ 37

내 소명은 무엇일까? / 첫 번째 부르심: 복음
/ 두 번째 부르심: 소명 / 복음과 소명의 연결성

3장 소명에 대한 오해와 진실 ······ 51

행복한 가정을 꿈꾼 청년의 이야기 / 첫 번째 오해: 소명은 곧
직업인가? / 두 번째 오해: 선하고 의로운 일은 모두 소명인가?
/ 세 번째 오해: 소명은 특별한 사람에게만 주어지는 것인가?

4장 소명 찾아가기 1 달란트 ······ 63

달란트에 대한 올바른 이해 / 하나님의 관계 속에서 이해되는
달란트 / 소명의 삶 속에 심겨진 달란트

5장 소명 찾아가기 2 긍휼 ······ 75

진정한 긍휼의 마음 / 선한 사마리아인에게서 배우는 긍휼
/ 긍휼을 통해 소명을 바라보기

| 6장 | **소명 찾아가기 3 공동체** | 87 |

친밀한 소수의 공동체 / 성경에서 공동체는 어떠한가?
/ 공동체를 통해 소명을 바라보기

| 7장 | **고난과 열매** | 99 |

광야의 삶 / 소명의 여정에서 하나님이 맺어주시는 열매
/ 광야의 시간을 통한 열매

| 8장 | **우상과 장애물** | 113 |

소명의 삶에 있는 장애물들 / 숨겨진 우상들 / 소명 안에서
우상의 유혹으로부터 벗어나기

| 9장 | **죽음에 직면하기** | 123 |

우리는 왜 죽음을 생각하지 않는가 / 죽음이 분명해지면
드러나는 것들 / 삶과 죽음을 대하는 태도

| 10장 | **평범한 그리스도인의 특별한 소명** | 137 |

평범한 그리스도인 / 특별한 소명과 특별한 삶
/ 소명대로 살아가기

소명 훈련의 배경과 구조

훈련을 만든 배경

우리는 '소명의 시대'에 살고 있습니다. 소명이 풍성해서가 아니라, 그만큼 소명이 절실한 시대이기 때문입니다. 혼란스럽고 희망이 없어 보이는 세상에서도 하나님의 은혜는 여전히 빛나고 있습니다. 소명은 오랫동안 강조되어 왔지만, 교회의 조직적 관점에서만 다뤄진 경우가 많았습니다. 우리는 대부분의 시간을 세상 속에서 살아가지만, 전도와 신앙생활에만 국한되어 일상의 소명을 깊이 고민하지 못했습니다.

이런 문제 의식에서 심센터는 '비전클래스'를 시작했습니다. '비전클래스'는 5주간 청년들과 함께 소명을 탐구하는 과정입니다. 물론 5주 만에 명확한 답을 찾기는 어렵지만, 청년들에게는 올바른 소명을 구하는 출발점이 되었습니다. 그 과정에서 하나님께서 청년들의 실제적인 변화를 이끄시는 것을 목도하고 있습니다.

그러나 청년들은 계속 질문합니다. "이제 어떻게 살아야 하나요?" 소명을 발견하고 싶지만, 삶의 현장에서 무엇이 맞는지 여전히 고민이 되었던 것입니다. 각자의 삶은 다르고, 세상의 규칙과 문화는 끊임없이 변합니다. 그렇기에 소명의 길을 길어가는 훈련이 필요합니다.

훈련은 거미가 실을 엮는 과정과 같습니다. 처음엔 미약하지만 반복될수록 단단해집니다. 바울이 연단이 소망이 된다고 했듯, 훈련을 통해 우리는 어려운 삶 속에서도 희망의 방향을 찾을 수 있을 것입니다.

훈련의 구조

본 훈련은 소명에 대해서 잘 이해하기 위한 '이해하기' 편과 이해한 것을 삶 속에서 조금씩 적용해보는 '실천하기' 편으로 구성되어 있습니다. 따라서 '이해하기'를 마친 뒤에 '실천하기'로 넘어가는 순서로 진행하기를 권장합니다. 생각보다 우리가 소명에 대해 알고 있는 것들이 명료하지 않고 오해가 있기 때문입니다.

또한 이 훈련 교재는 철저하게 평신도에 의하여 구성되었습니다. 심센터의 5인은 청년들의 소명에 대한 고민과 지원을 10년간 이어왔고, 그 과정에서 배운 바를 바탕으로 이 교재를 작성했습니다. 물론 신학적인 오류나 어긋남을 방지하기 위하여 다른 목회자들과 신앙 선배들의 의견을 수렴했으며, 목사님의 최종 감수를 거쳤습니다.

본 훈련은 1:1 양육을 위하여 만들어졌습니다. 1대 다수의 진행이 불가능하거나 어려운 것은 아니지만, 각자의 이야기를 깊이 있게 나누고 개인의 비밀을 보장하기 위해 1:1 양육을 권장합니다. 다만 상황이 불가피한 경우에는 한 명의 리더가 다수의 훈련자를 양육할 수 있습니다.

'로드인 이해하기'의 구성

소명에 대해 이해하기 위해서 프롤로그를 포함한 총 11장의 챕터를 제시합니다. 한 챕터 당 1회의 훈련이라고 생각한다면, 프롤로그를 읽고 진행하는 오리엔테이션을 포함하여 총 11회의 훈련을 진행하는 것이 가장 이상적입니다. 상황에 따라 다르겠지만 일반적인 1:1 양육의 흐름에 맞춰 한 주에 한 장이라면 3개월 정도의 시간이 소요됩니다.

첫 프롤로그는 소명에 대한 전체적 이해를 돕기 위해 성경 속 바디매오의 이야기를 묵상하여 서술했습니다. 깊이 있게 다루기 위한 영역이라기보다는 '다르게 보기'를 통해서 소명에 대한 관점을 서로가 나누기 좋게 하는 소위 뇌풀기 과정이라고 이해하면 됩니다.

이후 1장은 시대적 이야기와 함께 소명에 대해 우리가 고민해야 하는 당위성을 설명합니다. 2장과 3장은 소명에 대한 이해를 돕기 위한 챕터이며, 4장부터 6장은 소명을 찾아갈 때 유용한 가이드를 제시합니다. 7장부터 9장은 소명을 이해할 때 보통 발생하는 어려움과 유익한 관점을 정리합니다. 마지막 10장은 전체의 흐름을 정리하며 이해하기를 마친 뒤 실천하기로 넘어가기 위한 챕터로 마무리됩니다.

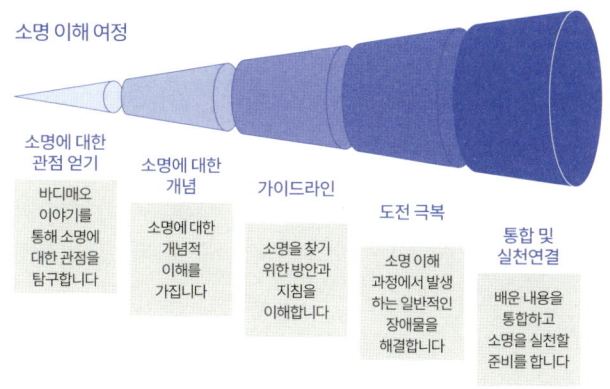

마치며

스스로의 부족함을 잘 아는 사람들이지만, 도저히 이 훈련을 마련하지 않을 수 없었습니다. 하나님이 주시는 마음을 참을 수 없었고 또 주변 청년들의 요청을 무시할 수 없었습니다. 우리의 부족함과 상관없이 이루시는 분을 또 믿고 순종하기로 했습니다. 아무쪼록 우리는 이 훈련이 소명을 고민하는 더 많은 이들에게 의미 있는 출발점이 되기를 바랍니다. 그렇게 함께 길을 걷는 동지가 늘어나는 것이 기쁨이고 감사일 것입니다.

프롤로그: **바디매오의 길**

소명을 이야기할 때 자주 언급되는 성경의 인물인 다윗, 모세, 요셉, 바울의 이야기는 우리에게 큰 가르침을 주지만 동시에 깊은 고민을 안겨줍니다. 나도 그들처럼 살아야 하는 것일까? 그리스도의 제자로서 그렇게 영웅적인 삶을 살 수 있을까 하는 두려움이 생깁니다. 이는 우리의 역량 부족을 인식하기 때문이기도 하지만 그들의 위대한 인생에 얼마나 깊은 고난이 수반되었는지를 기억하고 있기 때문입니다. 그렇게 살 수 없을 것 같고, 또 그런 삶은 너무나 부담스럽게 느껴집니다. 대단치 않은 지금의 삶도 충분히 어렵고 힘들기 때문입니다.

그래서 우리는 영웅적이지 않은, 우리의 삶과 더 가까운 성경 속 인물과 그를 부르신 그리스도의 이야기에서 소명의 본질적인 의미를 찾아보고자 합니다. 그 이야기의 주인공은 마가복음에 등장하는 바디매오입니다.

바디매오란 이름은 디매오의 아들이라는 뜻입니다. 디매오는 당시 공용어였던 아람어로 '부정한' 또는 '불결한'이란 의미를 지닙니다. 바디매오가 소경이자 거지였다는 기록과 함께 이 이름은 그의 비참한 처지를 극명하게 드러냅니다. 흥미로운 점은 예수께서 행하신 수많은 기적 중에서 단순하게 치료받은 이의 이름이 기록된 경우가 드문데, 바디매오의 이름은 기록되어 있다는 것입니다. 그것도 그리 좋지 않은 의미의 이름임에도 말입니다.

아마도 이는 저자 마가에게 바디매오가 기억할 만한 인물이었기 때문으로 추정해 볼 수 있습니다. 정확한 이유는 알 수 없으나 마가는 예수님의 은혜를 경험한 거지 소경의 이름을 기억하고 기록했습니다. 성경 또는 그 외의 역사적 기록에 다른 내용이 전무한 것으로 보아 바디매오는 기적을 경험한 후에도 대단한 무엇을 해내지는 못한 것 같습니다. 지극히 평범한, 아니 어쩌면 사회적으로는 그 이하의 삶을 살았을지도 모릅니다. 하지만 그는 자신의 자리에서 열심히 살았고 평범한 그리스도인으로서 그 삶이 마가의 기억에 남았습니다.

한편, 바디매오는 헬라어로 '귀하게 여김을 받는'이라는 뜻도 지닙니다. 문맥상 아람어 의미가 더 적절해 보이지만 이를 통해 우리는 바디매오가 불결하고 부정한 취급을 받던 삶에서 예수를 만나 귀하게 여김을 받은 자로 변화되었다고 해석할 수 있습니다. 그가 귀한 자가 된 것이 아니라 그리스도께서 그를 부르시며 귀하게 여기신 것입니다. 그리고 바디매오는 특별히 큰 성과를 내지 못했지만, 자신의 자리에서 변화된 대로 꾸준히 살아가며 성경에 이름이 기록되는 실제로도 귀한 복을 받았습니다.

성경에서 바디매오의 이야기는 크게 다섯 가지 맥락으로 구성되어 있습니다.

첫 번째 장면은 예수를 기다리는 바디매오의 모습입니다. 이 시기에 예수님은 여리고에서 예루살렘으로 향하고 계셨습니다. 여리고는 번화한 도시로, 예루살렘으로 가는 많은 이들이 거쳐 가는 중요한 거점이었습니다. 그 길가에는 수많은 장사꾼들과 구걸하는 이들이 있었고 바디매오도 그중 하나였습니다. 예수님의 이 여정은 십자가 사건 전 마지막 시점이었기 때문에, 바디매오는 예수님에 대해 다양한 이야기를 들어왔을 것입니다. 특히 그분의 기적에 대해 들을 때마다 '나도 만나고 싶다. 나도 치유받고 싶다.'는 기대와 희망이 있었을 것입니다. 그런데 이제 그분이 이 길을 지나간다는 소식을 듣게 된 것입니다.

우리도 때로는 어떤 시점에 희망인 무언가를 붙잡고 있습니다. 소명을 알고 싶고 소명대로 살고 싶다는 고백도 어찌 보면 단순히 희망의 다른 형태일 수 있습니다. 이 경우는 정말 우리를 부르신 하나님의 뜻을 알고 싶다기보다는, 소명을 우리의 탈출구로 우상처럼 섬기고 싶은 마음에 지나지 않습니다.

우리가 지금껏 듣고 배운 얕은 지식과 상상이 하나님을 이해하는데 당연히 부족하기 때문에, 괴롭고 지친 삶에서 도저히 찾아지지 않는 소망에 그럴듯한 이름을 붙이고 거룩해 보이는 모양을 씌우고 자신의 마음마저 왜곡하기도 합니다. 진짜 길은 우리 앞에 이미 펼쳐져 있는데 그 길가에 소경 바디매오처럼 앉아서, '다른 이들은 하나님 앞에서 이리 살더라. 성경에 보니 이 인물은 이리 대단하더라'라는 남의 이야기만 귀동냥하면서 말입니다.

두 번째 흐름은 나사렛 예수가 지나간다는 말을 듣고 소리 지르는 장면입니다. '다윗의 자손 예수여'라고 외치며 자신을 불쌍히 여겨 달라고 간구합니다. 바디매오에게 예수는 세상의 구원자인지는 몰라도 최소한 자신에 대해서는 완벽한 메시아였습니다. 자신의 유일한 희망이 바로 눈앞을 지나가고 있었던 것입니다. 보이지는 않지만, 사람들의 웅성거림과 외침 속에서 집중하여 분명히 그분의 지나가심을 느꼈고 그래서 평소에는 두려워했던 다른 이들의 꾸짖음 속에서도 더욱 크게 소리를 질렀습니다. '지금이 아니면 안 된다. 저분이 아니면 안 된다. 이 기회를 놓치면 안 된다.'라고 생각했을 것입니다.

우리의 삶도 힘들고 어렵지만, 절망 속에서 완전히 쓰러져 있는 것과 포기하지 않고 매달리는 것은 상당히 다릅니다. 우리는 사실 예수님 외에도 다른 방법이 있다고 생각하곤 합니다. 공부를 좀 더 열심히 하고, 괜찮은 인맥과 친분을 쌓고, 이렇게 저렇게 경력을 쌓아 성장하면 '언젠가는 나아질 거야.'라고 생각하기도 합니다. 그러나 우리에게 소명이 필요한 이유는 소명이 있으면 더 좋기 때문이 아니라 소명대로 살아가지 않는 모든 삶에는 희망이 담기지 않기 때문입니다. 우리의 유일한 희망은 그 소명의 본질인 예수님께 있다는 사실을 인정하고 외쳐야 합니다. 민망하고 막히고 두려워도 '나의 유일한 희망이시여. 나를 불쌍하게 생각해 주십시오. 그렇지 않으면 나는 방법이 없습니다.'라고 고백해야 합니다.

세 번째 장면에서는 예수께서 멈추어 바디매오를 부르십니다. 놀랍게도 예수님은 가장 중요한 여정 중에도 발걸음을 멈추십니다. 예수님은 제자들과 다른 이들이 이해하지 못하는 마지막 십자가와 부활 사역을 위해 예루살렘으로 향하고 계셨습니다. 지속된 강행군으로 피곤하셨을 텐데도, 또 군중 속에서 외로우셨을 텐데도, 길가에 앉은 한 거지 맹인의 외침에 그 발걸음을 멈추십니다. 예수님의 부르심에 바디매오는 즉각 반응합니다. "안심하고 일어나라."는 말씀을 듣자마자 그는 겉옷을 내버리고 벌떡 일어나 예수님께로 달려갑니다. 겉옷은 아마도 그의 몇 안 되는 소유물 중 하나였을 것입니다. 군중들의 발에 밟혀, 그나마도 쓸모없어질 수 있는 상황이었지만 유일한 희망인 예수님의 부름에 겉옷 따위는 안중에도 없었습니다. 혹시라도 그 부르심이 취소되거나, 자신이 너무 늦어 예수님을 불편하게 할지 염려되어, 목이 쉬도록 외쳤던 그 간절함으로 뛰쳐나갑니다.

우리는 사실 기도를 꽤 해왔을 것입니다. 매일 정해진 시간과 장소에서 온전히 기도하는 것이 익숙하지 않은 이들이 많겠지만, 정말 어려울 때 절규와 함께 터져 나왔던 그 기도들을 기억해 봅시다. '하나님의 귀한 일꾼이 되게 해주세요.'라고 기도한 적이 있다면 정말 그렇게 되기를 기대하고 있었는지 생각해 봅시다. 막상 우리의 간절한 기도에 대한 응답이 우리 삶에 닥쳤을 때 우리는 과연 바디매오처럼 모든 것을 내려놓고 예수님께 달려갈 수 있을까요? 우리의 학벌, 재산, 권력 등은 본질적으로는 누더기 같은 겉옷에 불과하지만, 그것이 우리에게 남은 유일한 소유이며 자존심이기에 쉽게 포기하기 어렵습니다. 그래서 우리는 간절히 바라는 일이라고 기도해 놓고도 정작 그 소명이 눈앞에 다가오면 애써 외면하곤 합니다. 사마리아 여인이 물동이를, 제자들은 배와 아버지를 버리고 예수 이름을 알리러 가거나 혹은 예수를 따랐다는 점을 기억해 봅시다.

네 번째 장면에서 예수께서 바디매오에게 질문하십니다. '네게 무엇을 해 주기를 원하느냐?'. 이는 바디매오에게만 하신 질문이 아닙니다. 바디매오 이야기 바로 앞에서 야고보와

요한에게도 같은 질문을 하셨고, 그들은 '주의 영광 중에 우리를 하나는 주의 우편에, 하나는 좌편에 앉게 하여 주옵소서.'라고 답했습니다. 예수님은 그들이 자신들이 구하는 것을 알지 못한다고 하셨습니다. 예수님의 제자들조차 여전히 세속적 영광에 대해 엉뚱한 상상을 하고 있었던 것입니다. 예루살렘에 가는 목적이 십자가와 부활의 사역이었음에도, 사실은 그 일 때문에 예수께서는 성경의 예언대로 이 땅에 성육신하신 것인데, 제자들은 아마도 예수님이 세상에서 왕이 되실 날에 자신의 욕심을 투영하여 크게 기대하고 있었던 듯합니다.

반면 바디매오는 다른 답을 합니다. '보기를 원하나이다.' 소경 거지였던 바디매오는 고차원적인 구원의 의미를 이해하지 못했을지라도 그에게 예수님은 '다윗의 자손'이었고 그는 메시아요 구원자였습니다. 바디매오의 처참한 삶에서 구원은 곧 눈을 뜨는 것이었습니다. 이에 예수님은 '네 믿음이 너를 구원하였다.'고 응답하십니다. 당시 장애는 죄의 결과라고 여겨졌기에 장애의 치유는 곧 죄의 해결을 의미했습니다. 특히 소경이 눈을 뜨는 일은 구약에서는 구원의 징표로 언급되었고 신약에서는 예수님 외에는 행하지 않은 기적이었습니다. 즉 눈을 뜨는 일은 단순한 신체적 회복이 아닌 근본적인 구원의 표징이었고 바디매오의 믿음의 고백은 이 본질에서 벗어나지 않았습니다.

예수님은 우리를 단순히 써먹기 위해 부르신 것이 아닙니다. 또한 우리가 이 땅에서 호의호식하며 살라고 부르신 것도 아닙니다. 하나님과 우리의 관계를 설명하다 살짝 엇나가면 마치 하나님이나 예수님과의 관계를 네트워킹이나 소위 뒷배 같은 관계로 여기는 왜곡된 생각이 들 수 있습니다. 이는 반드시 지양해야 할 완전한 오해입니다. 그분의 부르심은 근본적인 측면 즉, 우리의 회복과 구원에서 시작되며 이 변화가 다른 이들에게도 경험되기를 바라는 긍휼에 있습니다. 예수님과 우리의 관계에서는 단순한 거래관계가 성립하지 않습니다. 우리는 어떤 고차원적인 목표를 달성하기 위해 부름을 받은 것이 아니라 그분이 우리의 회복을 이루실 것이라는 믿음을 고백하는 존재로서 우리를 부르셨습니다. 우리는 가난, 질병, 관계 때문에 고통받지만 그보다 더 근본적으로는 회복되지 않은 죄 때문에 아픕니다. 우리는 구원받은 후에도 계속해서 그리스도를 닮아가고 주변을 회복시켜야 하는 존재입니다. 하나님 나라에 대단한 기여를 하거나 엄청난 금수저 자리를 방자하게 누리도록 부름 받은 것이 아닙니다.

마지막으로 회복을 경험한 바디매오의 반응이 기록되어 있습니다. 분명히 예수님은 바디매오를 치료하신 뒤 '가라'고 하셨습니다. 이는 단순히 떠나라는 말씀이 아니라 '네 소원대로 보게 되었으니, 네가 원하는 대로 살아라.'라는 의미였습니다.

그런데 바디매오는 그 자유를 발휘하여 예수를 따르기로 합니다. 당시 바디매오는 그 길의 의미도 내일이 어떻게 될지도 몰랐습니다. 당장 눈을 뜨게 되었으면 단순히 보고 싶은 것들도 많았을 것입니다. 대단한 사람은 아니었고 오히려 부정한 이름을 가진 자이지만, 그간 보지 못한 아버지인 디매오를 보고 싶지 않았을 리 없습니다. 사람들이 이야기하던 하늘도 보고 싶고, 가끔 운 좋게 받아먹었던 사과도 보고 싶지 않았을까요? 그러나 바디매오는 이 모든 것을 뒤로하고 예수를 따릅니다. 그리스도는 구원으로 우리에게 자유를 주시고 우리는 그 자유로 그리스도의 길을 선택합니다. 그렇게 이제 그는 길가에서 벗어나 길 위로 올라왔습니다. 이제 우리가 그리스도 안에서 행하는 소명의 가장 위대한 순간 중 하나가 일어났습니다!

본래 우리는 길가에 앉아 있습니다. 정확하게는 소위 찌그러져 있었던 것이죠. 늘 경계인과 주변인의 자리에 머물러 있었습니다. 세상에 속하지만 그리스도인이라는 정체성으로 인해 우리는 종종 힘들고 피곤합니다. 세상에서 성공하려면 바쁘고 애를 써야 하는데 또 하나님 나라의 복음은 그렇지 않다고 합니다. 소명을 찾으라는 데 그 모호한 개념은 잘 이해되지도 않고 당연히 잘 보이지도 않습니다. 그래서 우리는 적당히 현재 하고 있는 일이나 하고 싶은 것으로 소명을 얼버무리다가 문득 '이 길이 과연 맞는 것일까?'라는 질문에 사로잡힙니다.

여러분, 이제 우리 함께 길 안으로 들어갑시다. 우리가 먼저 그리스도께 용기 내어 도움을 청한 것 같지만, 사실 그분은 우리의 비참한 상황을 이미 오래전부터 알고 계셨습니다. 그래서 우리 앞을 지나 우리의 죄를 구원할 예루살렘으로 향하신 것입니다. 바로 우리 때문이란 말입니다. 그리고 수많은 군중 중에서 우리의 목소리를 구별해 내십니다. 마지막 사역으로 향해 가는 피곤하고 복잡한 여정 중에도 나의 절규하는 목소리는 놀랍게도 그분에게 우선순위입니다. 수천수만 명이 그분을 둘러싸고 떠드는데 콕 찍어서 당신을 찾아내십니다. 기다렸다는 듯이 말입니다. 그리고 그분이 "무엇을 원하느냐?"고 물으시면 "저에겐 당신이 필요합니다."라고 외칠 준비를 하셔야 합니다. 우리에게는 돈이나 명예, 건강이나 권력이 아닌 예수님이 필요하다고 말입니다. '당신이 바로 나의 소망입니다. 당신이 나의 소명입니다.'라고 말이죠. 그러면 그분은 기꺼이 우리에게 자신을 허락하실 것입니다. 그렇게 우리는 그분과 함께 길 위에 서게 됩니다. 이것이 바로 우리의 소명의 길입니다.

NIV 성경에서 예수님이 바디매오를 부르실 때의 장면을 보면 "Cheer up! On your feet! He's calling you"라고 기록되어 있습니다. 그분은 늘 먼저 우리를 부르시며, 우리를 응원하십니다. 우리가 스스로 자신의 발로 일어나 그분께 나아가도록 말입니다. 또한 우리는 그분이 우리를 부르신다는 사실 뿐만 아니라 애타게 기다리고 계시며 끊임없이 응원하고 계신다는 사실도 기억해야 합니다. 그리고 다른 이들이 소명을 향해 나아갈 때, 우리도 그들에게 그렇게 해주어야 합니다. 그들이 용기를 내고, 어려움을 조금 더 쉽게 극복할 수 있도록, 자기 발로 걸어 길 위로 올라가도록 돕는 것입니다. 이렇게 올라선 길은 바디매오의 길이자 우리의 길입니다. 그러나 궁극적으로 이 길은 예수님의 길입니다. 다윗의 길, 바울의 길, 그리고 지금 여기에 살고 있는 우리의 길은 다 결국 예수님의 길이 되어야 합니다. 바디매오와 제자들과 군중들은 각자의 생각과 계획으로 그 길을 따랐겠지만 결국 그 길의 가장 앞에 계신 예수님은 십자가에 달려 돌아가시고 부활하셨습니다. 그 길은 십자가의 길이고 부활의 길이었던 것입니다. 바디매오는 꿈에도 몰랐겠지만 말입니다.

우리의 소명도 그러합니다. 그저 예수님을 따라 길 위로 올라 걸어갑시다. 심지어 그 길이 어디로 향하는지가 중요한 것이 아닙니다. 그 길에 예수님이 있는지가 그 길을 정의하는 유일한 요소가 됩니다. 그래서 우리의 보잘것없어 보이는 삶이 예수와 동행하는 소명의 삶이 되는 것입니다. 나의 소명을 이루도록 예수님께 도움을 요청하는 기도가 완전히 틀렸다고 볼 수는 없지만, 좀 더 올바른 것은 길가에 있는 우리가 그분과 같은 길을 따라갈 수 있도록 기도하는 일입니다. 성경 속 영웅적 인물들도 결국 죄인이며, 자세히 들여다보면 모두 어려움과 부족함을 보입니다. 결국 그들이 대단한 것이 아니라 그 길의 앞에 서 계신 예수님의 특별하심이 우리의 소명을 특별하게 만드는 유일한 근거가 됩니다.

그런데 역설적으로, 세상 속에서 그리스도인의 제자로 평범하게 사는 것보다 교회 일을 열심히 하는 것이 훨씬 쉽고 만족감을 줄 수 있습니다. 교회에서 열심히 이것저것 챙기다 보면 나름 목사님의 칭찬도 받고, 교회 공동체에서 인정도 받습니다. 괜찮은 직분이나 좋은 관계를 얻기도 합니다. 하지만 세상 속에서 그리스도인답게 살아가려면 우리는 권력도 내어주고 부유함도 포기해야 하는 순간이 옵니다. 차라리 완전히 공개적으로 드러난 사역자로 살면서 세상과 구분되어 산다면 그럴듯한 명분이라도 있어 보입니다. 목사님에게 술을 권하는 사람은 많지 않거든요. 그런데 평범한 그리스도인의 삶은 때론 너무 힘이 듭니다. 우리가 열심히 산다고 해서 대단한 세상의 변화가 일어나지도 않습니다. 다른 대단한 사람처럼 하나님의 뜻이 무엇인지 잘 느껴지지도 않습니다. 그런데도 삶은 너무 어렵습니다. 심지어 하나님 앞에 기도하기에도 너무 작아 보이는 일들로 말입니다. 교회 집회에서 내 생명 주께 드린다고 했는데, 회사에 휴가를 내고 수련회 참가하는 것이 그렇게 아깝고 어렵습니다. 주일 내내 교회에서 봉사하는 것은 그래도 칭찬이라도 받는데, 하필이면 내 앞에 선 노인에게 지하철에서 마지못해 자리를 비켜주면 고맙다는 말 한마디 듣지 못하고 여정 내내 다리만 아프고 피곤하기만 합니다. 이런 삶에서 우리는 도대체 어떻게 하나님과 관련 있는 하루를 살 수 있을까요?

그래서 우리의 사회에서는 점점 더 소명의 길을 걷는 평범한 그리스도인들이 희소해지는지 모릅니다. 그러나 그분은 우리를 길 위로 초대하셨고 우리에게 교회의 빛과 소금이 아니라 세상의 빛과 소금이라고 하셨습니다. 누룩이 누룩 창고에 구분되어 예쁘게 모아져 있기를 기대하지 않으셨고, 가루 서말에 들어가서 부풀게 하여 하늘나라가 되길 기대하셨다는 말입니다. 그 자신도 예루살렘 성전에서 랍비로 존경받으며 거룩한 목소리로 설교하지 않으셨고, 구유에서 태어나 과부와 세리와 가난한 자의 이웃으로 살아가셨다는 것을 우리는 분명히 기억합니다. 이는 부인할 수 없습니다.

그래서 우리가 제안하는 바디매오의 길은 단순히 '이제 소명을 따라 살아봅시다.'라는 구호를 외치는 모호하고 개념적인 수준의 일이 아닙니다. 이제 진심으로 그렇게 살아보자는 결단이자 함께하자는 실질적인 초대입니다. 그리고 사실 이 초대는 우리가 그리스도께 받은 대로 건네는 것입니다. 그리스도께서 우리와 함께하시고자 하는 그 일, 함께 가시고자 하는 그 길을 동행해 보자는 말입니다. 길가에 앉았던 바디매오의 길은 결국 길 위에서 그리스도를 따르는 소명을 살았습니다. 우리도 이제 이 소명의 길이 옳다는 사실을 인정하고, 우리 삶에 가득한 두려움에 직면하여, 그리고 지금 바로 그리스도의 길 위로 올라섭시다. 우리의 현재 모습과 상관없이 그분이 펼치실 놀라운 여정을 기대하며 신실하게 따라갑시다. 언제라도 그분이 뒤돌아 이름을 부르시면 즉시 반응할 준비를 하고 걸어가 봅시다.

1장

길가에 기댄 인생

하나님과 함께 그리스도의 길을 걷다 보면
어느새 나를 막아서셨던 큰 산들이 옮겨질 것입니다.
길가에서 일어나 예수님의 발자취를 따라 소명의 길을 걸으십시오.
새로운 삶으로의 복된 여정이 우리를 기다리고 있습니다.

꿈이 사라진 세대

당신의 꿈은 무엇인가요?

"꿈같은 건 없어요."라고 고개를 저으며 다소 암울한 표정으로 답하는 젊은이들을 만납니다. 청년들의 녹록지 않은 삶을 보여주는 단면입니다. 그런가 하면 요즘 세대의 다수는 프로게이머나 유튜버를 꿈꾼다고 합니다. '꿈'이라는 개념을 단순히 '직업을 선택하는 것'과 동일하게 보는 것이 우리 사회의 현주소입니다. 꼭 신앙적 맥락이 아니더라도 우리에게는 분명 '꿈'이 필요합니다.

버킷리스트이든, 인생 최대의 도전이든, 혹은 단순히 시도해 보고 싶은 무언가이든 말입니다. 꿈은 우리 삶에 의미와 방향성을 제시합니다. 왜 살아야 하는지, 어떤 목적을 향해 나아가야 하는지 숙고할 때 더욱 깊고 풍성한 삶이 펼쳐집니다. 꿈이 없는 삶은 생존을 위한 반복적인 일상으로 전락할 위험이 있습니다. 지금 자신에게 질문해 보십시오. "나에게 꿈이 있는가?"

오늘날 청년세대는 전례 없는 어려움에 부닥쳐 있습니다. 역사상 부모보다 가난한 첫 세대입니다. 지속적인 경기침체, 불안정한 고용시장, 고령화 사회로 인한 각종 이슈로 미래조차 낙관할 수 없는 처지입니다. 교회 역시도 위기입니다. 다음 세대 복음화율이 급락하고 있으며 코로나19 이후 개교회의 양극화는 더욱 심화하였습니다. 삶과 신앙의 기반이 모두 흔들리는 이때, 우리는 어디에서 희망을 찾을 수 있을까요?

꿈과 소명의 만남

'꿈'이라는 단어는 다소 주관적이거나 자기중심적으로 들립니다. 그러나 그리스도인들의 꿈은 '하나님'으로 명확해집니다. '나'라는 존재와 삶을 하나님 안에서 온전히 해석해 내는 것입니다. 본래의 나, 나의 가치와 사명은 오직 하나님 안에서만 발견할 수 있습니다. '나-너-우리'라는 좀 더 넓고 복잡한 관계들도 하나님으로만 풀어낼 수 있습니다. 그 모든 것이 하나님으로부터 시작되었고(창1:1), 하나님에 의해 운영되며 운용되기 때문입니다. 존재와 삶과 세상에 대한 모든 질문과 답이 하나님께 있습니다(잠1:7).

그러므로 우리의 꿈, 우리의 소명도 하나님 안에서만 발견할 수 있습니다. 내가 누구인지, 어떤 존재로 태어났는지 알게 될 때 나의 꿈 또한 알게 됩니다. 내가 있어야 할 '제자리'가 어디인지 알아야 나의 가치와 달란트와 능력도 제대로 발견하고 발휘할 수 있습니다. 종종 하나님의 부르심을 일방적인 포기와 헌신으로 오해하는 경우들이 있습니다. 그러나 '부르심'은 하나님 안에서, 하나님과 함께, 나의 '제자리'를 찾아가는 복된 여정입니다. 본래 지음 받은 가장 나다운 모습으로, 선물로 주신 달란트를 마음껏 활용하며, 나의 존재가치와 삶의 의미를 풍성히 누리는 기쁨의 여정, 그것이 바로 소명의 길인 것입니다.

궁극적으로 나의 꿈과 하나님의 꿈은 다르지 않습니다. 하나님은 나만큼이나 아니, 나보다 더 내 삶이 복되길 원하십니다. 우연히(happen), 어쩌다 만나는 피상적이고 유한한 행복(happiness)이 아니라, 진정한 복(Original Blessing)

을 누리기를 원하십니다. 하나님은 '보시기에 참 좋았던' 모습 그대로 치유하고 회복시킬 준비가 되셨습니다. 이제는 나의 영과 혼과 몸, 과거와 현재와 미래, 나와 너와 우리가 참 화목과 평안을 누릴 시간입니다. 그것이 바로 하나님의 꿈입니다.

소명은 우리의 시야를 주일 예배를 넘어 일상의 모든 순간으로 확장합니다. 예배는 주일에 드리는 '공예배'에 국한되지 않습니다. 하나님과 그분의 말씀에 귀 기울이고, 하나님과 함께 보고 듣고 결정하는 모든 시간과 공간과 반응까지를 포함합니다. 하나님과 실시간으로 소통하며 반응할 때 공허하고 혼돈했던 내 삶에 질서가 생기고, 열매들이 맺히며, 더 나아가 관계와 내가 속한 공동체의 회복에까지 이르게 됩니다. 지금, 여기에서 하나님의 새로운 창조가 계속되고 있는 것입니다.

진정한 소망의 근원

세상 속에서 길을 잃을 때가 있습니다. 내 모습을 똑바로 바라보기 두려운 순간들이 있습니다. 최선을 다했으나 삶은 예상대로 흘러가지 않습니다. 목적지를 이탈해 외진

곳에 홀로 남은 듯한 내 모습이 참으로 초라해 보입니다. 완벽한 목적지라 믿고 죽을힘을 다해 도착한 곳에서 우리는 끝을 알 수 없는 또 다른 출발선을 발견합니다. 이 세상에는 완전한 만족이나 행복이 없고, 완전한 소망도 없습니다. 이는 모든 것 되시며, 완전하신 한 분 하나님 안에서만 찾을 수 있습니다.

길가의 소경 바디매오는 예수님을 향해 큰 소리로 외쳤습니다. 주변 사람들의 거친 만류에도 바디매오는 멈추지 않았습니다. 예수님은 그런 바디매오의 부르짖음을 듣고 멈추셨습니다. 천대받던 거지 소경 바디매오, 그 한 사람을 위해 십자가와 부활이라는 위대한 구원의 여정을 잠시 멈추신 것입니다. 바디매오는 전부라 해도 과언이 아닌 '겉옷'을 버리고 예수님께 달려갔습니다. 그는 예수님만이 모든 문제를 해결할 열쇠이며 실제적인 소망임을 믿었습니다.

예수께서 바디매오에게 "무엇을 원하느냐?" 물으셨습니다. 동일한 질문에 여러분은 뭐라고 답하시겠습니까? 바디매오는 "보기를 원하나이다" 답합니다. 가진 것이 없고 볼 수 없어 당장 불편한 것들이 산적했을 텐데도 그는 무엇이 문제의 근원인지 정확히 꿰뚫고 있었습니다. 보는 것! 바디매오는 눈을 뜨고 지체 없이 예수를 따릅니다. 길가에서 길 안으로 들어갑니다. 새로운 꿈, 본질적인 꿈, 소명이 싹트는 순간이었습니다. 눈앞의 문제에 급급한 인생에서 진짜 꿈과 소망을 찾아 떠나는 복된 여정이 시작된 것입니다.

길가에서 길 안으로

이제 내 차례입니다. '길가'에서 '길 안'으로 들어가십시오. 성경 속 인물들의 위대한 삶은 하나님과 함께 '걷는 것'에서부터 시작됩니다. 예수님은 이미 내 앞에 멈춰 서셨습니다. 부르짖는 내 앞에서 손을 내밀고 계십니다. 달리다굼!(막5:41) 두려움과 비관 속에 주저앉아 길 위에 머물러 있을 것이 아닙니다. 예수님의 손길이 닿을 때, 살았으나 죽은 듯 사는 삶에도 생명이 흘러듭니다.

그러나 우리를 가로막는 여러 장애물이 있습니다. 세상을 향해 큰 소리를 외치며 겉옷을 벗어 던지고 뛰어나가지만, 이내 세속적 가치와 눈앞의 고통이 우리를 막아섭니다. '워라밸'(work-life balance)같이 합리적으로 보이는 라이프 스타일에 주춤거리게도 됩니다. 보기에는 그럴듯하지만 실상은 '일'과 '쉼(안식)'의 개념을 왜곡하고 그 둘을 대립하는 관계로 보아 종국엔 일도, 쉼도 제대로 누리지 못하게 만듭니다. 우리는 단지 돈을 벌기 위해 일하는 것이 아닙니다. 일과 쉼을 인위적으로 분리한다고, 의도처럼 황금 균형이 극적으로 맞춰지는 것이 아닙니다. 나라는 존재와 인생이 그렇게 간단치 않다는 것을 우리는 이미 여러 차례 경험한 바 있습니다.

이제 툭툭 털고 자리에서 일어나십시오. 길 안으로 들어가십시오. 예수님은 부르짖는 나의 절규뿐만 아니라 작은 신음에도 반드시 응답하십니다. 예수님은 길이요, 진리요, 생명이십니다(요14:1). 하나님과 함께 그리스도의 길을 걷다 보면 어느새 나를 막아섰던 큰 산들이 옮겨질 것입니다(막11:23). 용기를 내십시오. 길가에서 일어나 예수님의 발자취를 따라 소명의 길을 걸으십시오. 새로운 삶으로의 복된 여정이 우리를 기다리고 있습니다.

| 더 깊이 생각해보기 |

❶ **당신의 꿈은 무엇입니까?**

- 과거에는 무엇이었고 지금은 무엇입니까?
- 지금 꿈이 없다면 왜 그렇습니까?
- 꿈이 직업 이상의 의미가 되려면 무엇이 필요할까요?

❷ **'소명'을 당신의 단어로 정의해 보세요.**

❸ **꿈과 소명의 차이는 무엇인가요?**

❹ **당신은 현재 길가에 있습니까? 길 안으로 들어갔습니까?**

- 길가에 있다면 왜 그렇습니까?
- 길 안으로 들어가지 못하도록, 혹은 길을 더 걸어가지 못하도록 막는 장애물은 무엇입니까?

❺ **주일 공예배 뿐 아니라 주중에도 삶의 예배를 드리고 있습니까?**

- 일상에서도 하나님과 함께 걷고 있습니까?
- 특별히 하나님의 임재를 경험하는 순간(경험)이 있습니까?
- 매시간, 매사에 하나님으로 보고 듣고 선택하고 결정합니까?

MEMO

2장

복음과 소명

소명은 단순한 개인의 성취를 넘어
하나님의 큰 그림 안에서 우리의 역할을 찾고,
그분의 사역에 동참하는 것을 의미합니다.
복음과 소명이 함께할 때, 우리는 비로소 하나님의 뜻을
온전히 이루어가는 삶을 살아갈 수 있습니다.

내 소명은 무엇일까?

'하나님은 어떤 일을 위해 나를 부르셨을까?'

심센터에서는 소명에 대한 질문과 갈급함을 가진 청년들을 대상으로 5주간의 '비전클래스'를 진행합니다. 그들은 종종 이렇게 말합니다. "소명이라는 이야기는 자주 듣는데 무엇인지 정의하기 어려워요" 또는 "교회 안에서 소명에 대해 진솔하게 이야기를 나눌 사람 찾기가 쉽지 않아요." 쉽게, 자주 듣는 단어임에도 '소명'에 대해 깊은 대화를 이어가기란 쉽지 않습니다. 비단 이 프로그램 참가자들만의 고민은 아닐 것입니다.

소명에 관해 이야기하기가 왜 이렇게 어려울까요? 명확

한 정의도 어렵고 각자 어떤 소명을 가졌는지 잘 모르는 경우가 많기 때문입니다. 소명은 특별한 사람을 위한 것이라는 오해도 한몫합니다. 모세가 불타는 떨기나무 앞에서 부름을 받은 것이나, 바울이 다메섹 도상에서 극적으로 회심한 일처럼 뭔가 특별해야 곧 소명이라 생각하는 것입니다. "저는 선교사도 아니고, 목사님처럼 특별한 은사도 없어요. 그냥 평범한 회사원인데, 저 같은 사람에게도 소명이 있을까요?" 나와는 먼 이야기 같지만, 사실 소명은 우리가 서 있는 바로 그 자리에서 시작됩니다. 가정, 평범한 직장, 우리가 있는 모든 장소는 하나님이 보내신 소명의 자리입니다.

"하루하루 버티기도 힘든데, 소명이요?"

현실적 문제들 또한 소명에 대한 진지한 접근을 방해합니다. 경제적 불안정, 치열한 경쟁, 불확실한 미래는 소명을 꿈꾸기보다 당장의 생존을 걱정하게 만듭니다. "지금은 그저 안정적인 직장을 구하는 게 유일한 목표예요." 한 취업 준비생의 말처럼 힘든 상황에서는 소명을 생각하는 것 자체가 사치처럼 느껴질 수도 있습니다. 하지만 소명은 '옵션'이 아닙니다. 여유나 여건이 충족된 후에 살펴도 되는 부수적인 개념이 아닙니다. 내가 이 땅에 존재하는 이유와 우리 각자에게 주신 독특한 역할을 깨닫고, 그 안에서 기쁨을 찾는 것이 소명입니다. 그렇기에 현실적인 문제들을 해결한 후에 '소명'을 고민할 것이 아닙니다. '소명'을 깨달은 사람만이 현실적인 문제와 선택들 앞에서 바른 방향을 잡을 수 있습니다.

첫 번째 부르심 : 복음

모든 소명의 시작점에는 '부르는 분(The Caller)'이 계십니다. 하나님은 태초에 천지를 창조하신 분입니다(창1:1). 근본적으로 부르신 분이라는 것입니다. 창세기에 나오는 에덴동산을 왜 낙원이라고 부를까요? 하나님 나라의 원형으로 불리는 에덴동산에서는 지음 받은 모든 것이 제자리에서 자기만의 존재가치를 드러내며 인정받았기 때문입니다. 서로 다른 존재들이 함께 있으나 경쟁할 이유가 없고 각자의 역할을 충분히 해내며, 각자 누릴 분복을 온전히 누리며, 조화와 화목을 이루었기 때문입니다. 부르신 그대로의 상태였습니다. 이런 천국은 단순히 종교적이고 추상적인 개념에 국한되지 않습니다. 우리가 살아가는 세상에서 일어나는 생태, 평화, 정의, 이슈에 대한 가장 온전한 이상향이 바로 '에덴동산', 하나님 나라입니다. "하나님이 지으신 그 모든 것을 보시니 보시기에 심히 좋았더라(창 1:31)". 눈물도 없고, 사망도 없고, 애통하고 곡하고 아픈 것도 없는 곳이 바로 '천국(kingdom of GOD)', 하나님의 나라입니다(계21:3-4). 그것이 부르시는 분이 원하시는 바입니다.

문제는 아담과 하와가 하나님께서 금하신 '선악과'를 먹고 죄를 지은 것으로부터 시작됩니다. 그 원죄로 인하여 우리는 지혜의 근원이신 하나님과 멀어지고 무엇이 옳고 그른 것인지, 어떤 선택을 해야 하는지는 둘째 치고, '나는 누구인가'조차 알지 못해 평생 질문해야 하는 신세가 되었습니다. '나'도 모르는데 '너'도 '우리'도 알 수 있을 리 없습니다. 인간들 사이의 관계, 피조세계와의 관계 또한 단절되면서 최악의 상황이 전개되기 시작했습니다. 각자 자기 소견대로 살아가는 무법천지의 세상, 폭력으로 얼룩지고 깨어진 세상이 되었습니다(삿17:6, 21:25). 오늘날 도처에서 발발하는 생태, 평화, 정의의 문제들이 복잡하게 얽히고설키게 된 배경입니다.

깨어진 세상을 구하시려 인간의 몸으로 오신 하나님이 바로 예수님이십니다. 예수님은 '보시기에 참 좋았던 천국', 그 하나님 나라를 회복시키려 이 땅에 오셨습니다. 복음이 무엇일까요? 무엇이 복된 소식이며 기쁜 소식입니까? 너무 멀리 와서 돌아갈 길도 방법도 없이 마지못해 하루하루 살아가는 우리에게 '돌아갈 곳'이 있다는 것, '돌아갈 수' 있다는 것이 복음 아닐까요? 길을 잃고 망가진 모습일지라도 우리에게는 돌아갈 원형이 있습니다. 그것이 복음입니다. 예수님께서 친히 길이 되시며 방법을 보이셔서 우리를 구해 내실 것입니다. 이것이 구원의 복된 소식, 복음입니다.

우리가 경험한 첫 번째 부르심은 죄에서의 구원으로 시작됩니다. 다시 하나님과 올바르게 관계 맺게 되는 그때부터 우리는 의미 있는 삶을 살게 됩니다. 창조자로부터 우리를 정의하고 부르신 분에 의하여 우리의 부르심이 정의되는 것이 마땅합니다.

두 번째 부르심 : 소명

소명은 '나'를 살리고 '남'을 살리고 '우리'를 살립니다. 자기중심적인 삶에서 벗어나 하나님 중심의 삶으로 돌아선 이들은 나를 창조하신 하나님께 집중합니다. 하나님이 어떤 분이신지, 무엇을 하셨는지, 지금 무엇을 하고 계시는

지, 앞으로 무엇을 하실지를 묻고, 듣고, 행합니다. 소명의 길에 들어선 이들은 이렇듯 하나님 안에서 비로소 '내가 있어야 할 자리'를 찾게 됩니다. 하나님께서 부여하신 독특한 역할을 깨닫고 선물로 주신 달란트를 발견하며 마음껏 자기 능력과 가치를 발현하는 새로운 삶을 시작하게 됩니다.

소명의 자리는 나, 너, 우리를 살리는 생명의 중요한 터입니다. 하나님은 나의 제자리에서, 나를 통해 그곳을 '살림'하십니다. 소명을 통해 나를 치유하시고 회복시키실 뿐 아니라 이제는 앞으로 힘차게 '전진'하도록 나의 과거, 현재, 미래 전체를 다루십니다. 나에게 부어진 생명은 곧 주변 사람과 공동체 전체로 흘러갑니다. 결국 소명은 개인 차원의 회복과 성취를 넘어 관계와 공동체의 회복으로 연결됩니다. 하나님은 나의 소명, 달란트, 직업을 통해 본래 창조하셨던 '보시기에 참 좋았던' 모습대로 세상을 가꾸어 가십니다. 세상을 새롭게 창조해 나가시는 하나님의 건설 현장에 일꾼이요, 동역자로서 부름을 받은 것입니다.

복음과 소명의 연결성

복음과 소명은 절대 분리되지 않습니다. 세상을 창조하

신 하나님 안에서만 나라는 존재와 관계들, 세상이 돌아가는 원리를 발견할 수 있습니다. 그러나 죄로 인해 하나님과 단절된 인간에게는 더 이상 아무 소망이 없었습니다. 그런 우리 앞에 참 소망이신 예수님이 나타나셨습니다. 멈추시고, 손을 내미셨습니다. 십자가 죽음으로 나의 죄를 대속하셔서 다시금 하나님께 나아갈 길을 내셨습니다. 죽으셨을 뿐 아니라, 부활하신 예수님은 믿음으로 주를 영접한 이들에게 '성령'으로 내주하십니다. 부활하신 예수님은 지금도 살아계셔서(Jesus is alive) 내 모든 것을 '보고' 계십니다. 그렇기에 주님은 나에게 가장 적합한 일, 적시, 적소로 우리를 가르쳐 인도하실 수 있습니다.

성령이 없다면 모든 죄의 빚을 탕감 받았다 해도, 새로운 삶을 시작한다고 해도, 결국 이전의 실패를 반복할 수밖에 없을 것입니다. 주체가 바뀌지 않으면 동일한 인생이 되풀이됩니다. 이전의 나, 소견대로 살던 죄인은 예수님과 함께 십자가에 죽었습니다. 이제는 예수님의 부활과 함께 새로운 생명으로 거듭났습니다(born again). 주님이 내 삶에 바른 경로를 보이실 것입니다. 또한 주님은 '길' 자체가 되십니다. 때로 내비게이션은 실수하지만 길은 실수하지 않습니다.

하나님의 부르심에 응답했습니까? 하나님과의 관계 회복을 위한 첫 번째 부르심에 응답한 자만이 참 치유와 회복을 경험하고 소명을 발견하게 됩니다. 소명의 길에 들어선 자만이 새 창조의 동역자로서 두 번째 부르심에 응답할 수 있습니다. 오스 기니스는 그의 저서 '소명'에서 이렇게 말했습니다. "소명이란 모든 사람이, 모든 곳에서, 모든 것에서 하나님의 일차적인 부르심에 반응함으로써 자신의 이차적인 부르심을 성취하는 것이다." 즉, 소명이란 하나님의 것이 되어(첫 번째 부르심: 존재, Being) 하나님의 일을 하는 것(두 번째 부르심: 행동, Doing)입니다.

한 청년은 이렇게 고백했습니다. "처음에는 제 개인적인 구원에만 관심이 있었어요. 하지만 소명을 깨달으면서, 나라는 존재, 나의 달란트와 직업이 속한 공동체와 사회를 위해 어떻게 쓰일지까지를 기대하며 기도하게 되었습니다." 이처럼 소명을 깨닫는 과정은 우리의 시야를 넓히고, 개인의 구원을 넘어 공동체와 세상을 위한 헌신으로 나아가게 합니다. 소명은 단순한 개인의 성취를 넘어 하나님의 큰 그림 안에서 우리의 역할을 찾고, 그분의 사역에 동참하는 것을 의미합니다. 복음과 소명이 함께할 때, 우리는 비로소 하나님의 뜻을 온전히 이루어가는 삶을 살아갈 수 있습니다.

내가 하나님과 올바른 관계를 맺게 되면 그런 관계를 다른 이들 또한 맺기를 바라는 삶을 살게 됩니다. 이는 하나님께서 원하시는 바입니다. 또한 복음을 받아들인 이들이 마땅히 보이는 반응이기도 합니다. 다른 이들이 나와 같이 하나님 앞으로 오기 바라는 마음이 우리를 일하게 합니다. 그 삶의 방향성이 소명의 핵심이 됩니다.

| 더 깊이 생각해보기 |

❶ '복음'이 나에게 정말 기쁘고 복된 소식입니까?

❷ 첫 번째 부르심과 두 번째 부르심은 어떤 차이가 있다고 생각하십니까?

❸ 자신이 기대하는 자신의 가장 이상적인 모습이 무엇인지 이야기 나누어 봅시다.

MEMO

3장

소명에 대한
오해와 진실

소명은 모든 그리스도인에게 주어지는
가장 특수하면서도 가장 보편적인 선물입니다.

행복한 가정을 꿈꾼 청년의 이야기

어떤 삶이 소명의 삶이라고 생각하십니까?

대학 졸업을 앞둔 한 청년이 있었습니다. 그의 유일한 꿈은 '행복한 가정의 가장'이 되는 것이었습니다. 특별히 뚜렷한 비전이나 직업적 열정 같은 것은 없었습니다. 인생에서 꼭 이루고 싶은 것도 딱히 고민해 본 적이 없었습니다. 그에게 있어 '일'은 단순히 가정을 꾸리기 위한 재정적 수단일 뿐이었습니다. 첫 번째 부르심에 대해서는 진지했고 믿음도 굳건했지만, 두 번째 부르심까지는 깊이 생각해 보지 않았습니다. 현실에 안주하려는 성향이 다분했지만 목표를 향해 정진하는 사람들이 부럽기도 했습니다. 자신의 열정을 쏟을만한 일을 찾고 싶어 했습니다. '왜 내게는 진정한 열정이 없을까?' 사실 직업을 돈 버는 도구로만 여기니 목적 이상의 열정을 발휘할 이유가 없었습니다. 쳇바퀴 돌 듯 의미 없이 반복되는 일상이 답답했지만 '다들 그렇게 사는 거지' 자못 대수롭지 않은 듯 넘겨버리려 했습니다. 그러다 보니 수동적이고 무기력한 삶은 나아질 기미가 보이지 않았습니다.

이와 같은 우리에게도 '소명'이 있을까요? 우리는 우리의 삶에서 소명을 어떻게 이해하고 있을까요?

첫 번째 오해 : 소명은 곧 직업인가?

소명은 단순히 '직업'을 뜻하지 않습니다. 이는 소명의 본질을 지나치게 제한된 시각으로 바라보는 것입니다. 직업이 소명의 한 부분일 수 있지만, 전부가 될 수는 없습니다. 소명은 훨씬 더 광범위하고 깊은 개념입니다. 소명은 하나님께서 우리 각자에게 부여하신 삶의 목적과 방향을 의미합니다. 직업뿐만 아니라 우리 삶 전체에 영향을 미치는 근본적인 가치관과 사명을 포괄합니다. 예를 들어 '의사'의 소명은 환자를 치료하며 의료 행위를 하는 '직업'을 기본으로 합니다. 이와 더불어 환자를 진정으로 사랑하고 돌보아 하나님이 만드셨던 본래의 영, 혼, 몸을 되찾도록 전인적인 회복에 기여합니다.

크리스천 청년들 대부분은 소명에 맞는 직업을 찾고 싶어 합니다. 그러나 소명은 직업 이상의 의미이므로 때로 자신의 만족이나 기대, 기호와 부합되지 않을 때도 있습니다. 아예 자신이 성공하고 싶어 하는 마음을 소명이라는 모양에 투영하여 기도하는 경우도 많은데 이런 접근은 소명에 대한 오해에서 비롯됩니다. 직업의 종류나 지위, 업무 등으로 소명이냐, 아니냐를 판단할 수 없습니다. 소명의 길을 걷는다는 것은 궁극적인 목표를 향해 가는 것과 더불어 각각의 구간에 포함된 작은 목표들을 완수하는 것을 포함합니다. 무엇을 단계적으로 얻고 장착하거나 성취하는 개념이라기보다 하나님과의 관계 안에 이루어지는 전인적인 훈련, 연단으로 볼 수 있을 것입니다. 하나님의 보내심은 실수가 없으십니다. 때로 하나님의 뜻과 다른 선택을 한 결과, 내가 감내해 내야 할 불미스러운 상황 속에서도 하나님은 최선의 길을 보이십니다. 물론, 그에 따른 책임과 고통이 있겠지만 말입니다. 분명 하나님과 함께 걷는 소명의 길이 맞는데도 유쾌하지 않은 만남, 불공정한 처우, 나와 전혀 무관해 보이는 일들을 만난다면, 그에 따른 하나님의 계획과 의도가 있음을 신뢰해야 합니다. 소명을 직업으로만 본다면 거기 있을 이유가 없겠지만, 하나님과의 관계 안에서 '소명'을 바라본다면, 궁극적인 목표를 향해 반드시 거쳐야 할 훈련의 과정임을 알아차리고 어떠한 훈련인지를 묻고 듣고 순종해야 합니다. 결국, 소명은 우리가 어떤 직업을 가지는가보다 그곳에 보내신 하나님의 뜻과 부르심을 깨닫고 행하는 것에 방점이 있습니다. 하나님 안에서 의미 없는 시간, 의미 없는 장소는 없습니다.

두 번째 오해 : 선하고 의로운 일은 모두 소명인가?

종종 선하고 옳은 일을 할 때, 특히나 고난과 시련이 동반되는 경우 '나는 소명을 행하고 있다'고 착각할 수 있습니다. '선하다, 옳다'의 기준은 지극히 주관적입니다. 그 시대와 사회적, 문화적 맥락에 따라 변할 수 있는 것입니다. 수시로 변하는 잣대를 가지고 하나님의 일을 판단할 수 없습니다. 하나님과 상관없는 선의와 선행은 결국 무지와 욕망, 아집과 자기 의로 점철될 수밖에 없습니다. 성경에서 말하는 '의'는 하나님과의 관계를 가리킵니다. 내가 판단하기에 선하고 옳고 정의로운 일이 아니라, 진리이신 하나님과 그분의 뜻만이 선하고 옳고 정의롭습니다. 따라서 하나님의 뜻을 묻고, 듣고, 행하는 사람이 '의로운 사람'입니다.

소명은 하나님과 깊은 관계 속에서만 발견되며 실현됩니다. 소명의 핵심은 창조주이신 하나님을 알고, 하나님으로 인정하며, 나의 주로 인정하는 것입니다. 하나님을 신뢰하지 못하면 그분의 뜻도, 그분의 음성도 헤아릴 필요를 느끼지 못합니다. 오직 믿는 자만이 하나님의 창조 안에서 자기 본질을 이해하고, 부르심에 응답하며, 그분의 뜻을 따를 수 있습니다. 하나님과의 관계 안에서 소명을 이해하고 실행으로 옮길 때에만 '소명대로 행했다' 말할 수 있습니다. '나'와 실제적인 '행동' 사이에 '하나님'이 없다면 그것은 소명을 행한 것이 아닙니다. 불신자들 가운데도 자기 소신대로, 때로는 신자들보다도 꾸준히 선행하는 이들을 심심찮게 만납니다. 하나님과 관계없는 선행은 개인적 욕망으로 변질될 수 있습니다. 나의 의도와는 상관없이 불편하고 불미스러운 결과로 이어지기도 합니다. 항상 깨어 있어 나의 행동과 결정이 하나님과의 관계 속에서 이루어지고 있는지 끊임없이 성찰해야 합니다.

세 번째 오해 : 소명은 특별한 사람에게만 주어지는 것인가?

소명을 논하기엔 내가 너무 평범한 사람처럼 느껴지십니까? 설령 소명이 주어진다 해도 알아차릴 수 있을까, 감당할 수 있을까, 완수할 수 있을까 걱정하고 있습니까? 하나님의 창조 세계에는 이유 없는 존재가 없습니다. 하나님은 우리 각자에게 고유한 소명을 주셨습니다. 창조주 하나님은 아무런 이유나 목적 없이, 또는 의미 없이 우리를 만들지 않으셨습니다. 우리는 모두 특별한 목적을 위해 지음 받았습니다. 그 목적을 쫓아 소명을 행할 때, 그 자리에서 맛볼 만한 각자의 '분복'도 예비되어 있습니다(전3:22). 각자의 위치에서 하나님을 섬기고 그분의 뜻을 이루는 일은 그리스도인으로서의 '책임'인 동시에 가장 나답게 살 수 있는 '복된 선물'입니다.

굉장히 특별하고 거창한 일들만 소명으로 간주하는 경우도 있습니다. 궁극적으로 오직 하나님만이 특별하십니다. 세상의 어떤 특별함이나 엄청난 성과라도 하나님의 그것에 비할 바가 아닙니다. 만일 우리가 특별한 존재라면 이는 하나님으로 인함입니다. 하나님은 우리를 하나님의 형상으로 창조하셨으며, 우리를 택하사 가까이 오게 하시고 그분 안에 거하는 복을 주셨습니다(시65:4).

　소명은 모든 그리스도인에게 주어지는 가장 특수하면서도 가장 보편적인 선물입니다. 우리는 일상과 모든 관계 속에서 이 소명을 발견할 수 있습니다. 소명은 특정 직업이나 역할에 국한되지 않고, 우리 삶 전체를 통해 펼쳐집니다. 하나님은 그분이 창조하신 한 사람, 한 사람에게 가장 적확한 소명을 주셨습니다. 각자 개별적인 소명을 부여받았다는 측면에서 소명은 '특수성'을 지닙니다. 동시에 모든 사람이 소명을 받았다는 점에서 '보편적'입니다. 소명에 대한 이러한 오해들을 바로잡음으로써, 우리는 더욱 풍성하고 의미 있는 삶을 살아갈 수 있습니다. 소명은 단순히 직업이나 특정 행위에 국한되지 않으며, 특별한 소수에게만 주어지는 것도 아닙니다. 그것은 하나님과의 관계 속에서 발견되는, 우리 삶 전체를 아우르는 근본적인 부르심입니다.

더 깊이 생각해보기

❶ 당신은 일을 왜 하십니까? 생각나는 대로 나열해보세요.

❷ '소명'하면 떠오르는 감정은 무엇입니까?

❸ 소명에 대한 세 가지 오해 중 가장 공감되는 것은 무엇입니까?

❹ 자신의 소명에 대해 생각해 봅시다

- 하나님께서 나를 보내신 곳은 어디입니까?
- 하나님께서 만나게 하신 사람들은 누구입니까?
- 이와 관련하여 하나님 안에서 발견한 소명은 무엇입니까?
- 직업을 통해 부여받은 소명은 무엇입니까?

MEMO

4장

소명 찾아가기 1
달란트

하나님은 매일의 묵상 가운데 '오늘'만큼의 소명을 보이실 것입니다.
'오늘'의 소명과 달란트에 충성을 다한 자에게
'내일, 모레, 그다음 날'들을 위한 새로운 길을 보이실 것입니다.

달란트에 대한 올바른 이해

우리의 삶에서 달란트는 무엇일까요?

'달란트'는 교회 안에서 자주 접하는 단어 중 하나입니다. "너는 이런 달란트가 있잖아.", "달란트를 활용해 보자."라는 대화가 일상적으로 오가곤 합니다. 많은 이들은 달란트를 개인의 재능이나 능력, 물질적 자원, 개인 역량 등과 동일시하는 경향이 있습니다. 성공을 위한 특별한 자질로 여기기도 합니다. 우리가 '긍정적으로 가지고 있는 무언가'를 달란트라 여기는 것입니다. 소명과 마찬가지로 달란트 역시 하나님과의 관계 속에서만 올바르게 이해됩니다. 달란트는 주인 즉, 하나님께서 맡기신 것입니다(마25:14-30,

눅 19:11-27). 크기나 가치 자체보다 중요한 것은 주신 분과의 관계 안에서 '어떤 태도로, 어떻게 활용하는가?'입니다. 소명에 있어 달란트가 중요한 요소이긴 하지만, 그 이유가 성취나 성공의 도구이기 때문은 아닙니다. 나의 성장 잠재력을 유추할 수 있기 때문도 아닙니다.

나를 창조하신 하나님은 나를 가장 잘 알고 계십니다. 어떤 존재로, 어떻게 살아가면 복될지 정확히 알고 계십니다. 그에 따라 하나님은 나에게 가장 선하고 온전한 소명을 주셨습니다. 가장 적합한 달란트도 공급하셨습니다. 달란트를 가시적 성과나 성공 도구로만 활용하는 것은 소명과 달란트를 통해 이루시려는 하나님의 복을 너무 지엽적으로 이해한 것입니다. 달란트는 소명을 향해 나아가는 방식이자 도구입니다. 소명의 길을 걷는 모든 여정을 지나며 전인적인 성장과 성숙, 기쁨을 누리도록 예비하신 하나님의 선물입니다.

하나님과의 관계 속에서 이해되는 달란트

달란트 비유는 (마25:14-30) 소명과 하나님과의 관계에 대한 깊은 통찰을 보여줍니다. 주인은 여행에 앞서 세 명의 종에게 각각의 달란트를 위탁합니다. 그중 다섯 달란트와 두 달란트를 받은 종들은 이를 잘 활용하여 수익을 창출합니다. 그러나 한 달란트를 받은 종은 두려움에 사로잡혀 그것을 땅에 묻어둡니다. 주인이 돌아와 결산하는 날, 달란트를 묻어둔 종은 책망을 받습니다.

한 달란트 받은 종은 무엇이 그토록 두려웠을까요? 아마도 수익을 내지 못할지 두려웠을 것입니다. 최선을 다했는데도 수확도 없이 결국 책망이나 받게 되면 어쩌나 두려웠을 것입니다. 이런 생각에 사로잡히면 매 순간 '과연 잘하고 있는 걸까?' 의심하며 예민하게 반응하게 됩니다. 불안하고 초조한 것입니다. 내가 가진 '한 달란트'가 너무 적고 초라한 듯 보이고, '나는 왜 이렇게 가진 것이 적은가?' 분노하게 됩니다. 애초부터 다섯 달란트나 두 달란트를 받지 못한 것에 대해 불평하며 남 탓을 하기에 이릅니다. 결국 '이것으로 뭘 할 수 있겠나?' 낙심하며 무기력한 상태에 빠집니다.

달란트 비유를 '완전한 신뢰와 관계성'이란 측면 아래 살펴보겠습니다. 달란트는 본래 주인의 것입니다. 주인이 어떤 기준으로 달란트를 배분했는지는 알 수 없습니다. 그러나 주인 즉, 하나님은 완전하신 분입니다. 실수치 않으시

지요. 주인이 다섯 달란트, 두 달란트, 한 달란트를 각자에게 주신 분명한 이유가 있을 것입니다. 중요한 것은 달란트의 양이 아니라 '하나님께서 내게 직접 맡기신 달란트'가 있다는 사실입니다. 창조주 하나님께서 나를 가장 잘 아시고 사랑하신다는 것을 신뢰합니까? 하나님께서 내게 주신 달란트가 가장 적합하고 충분한 달란트입니다.

하나님은 수익의 크기에 상관없이 다섯 달란트, 두 달란트 남긴 종들을 칭찬하셨습니다. '본래 그릇이 그 정도니 이에 만족하라'는 식의 불합리한 처우를 말없이 감내하라는 뜻이 아닙니다. '적당히 해도 괜찮다'는 말 또한 아닙니다. 주인은 종들을 칭찬하며 '네가 적은 일에 충성하였으매 더 많은 것을 맡기겠다.'고 말합니다. 즉 달란트의 양이나 종류는 고정된 것이 아닙니다. 모든 것을 아시는 하나님께서는 지금, 여기에서 감당해야 할 소명을 위해 가장 적합한 달란트를 주십니다. 이를 운용할 능력과 성품을 체득한 자에게는 다음 소명의 구간을 감당할 수 있도록 '더 많은 것'을 맡기시는 것입니다.

하나님은 원금과 이자를 받으려 달란트를 맡기신 것이 아닙니다. 그분은 모든 것을 소유하신 분입니다. 이윤이나 수익률에는 전혀 관심이 없으십니다. 그분은 모든 것을 소유하신 분이십니다. 우리가 특별한 것을 하지 않더라도 충분히 영화롭고 풍요로우시며 부유하신 분입니다(시50:8-12). 하나님은 우리가 달란트를 잘 활용하여 생육하고 번성하길 원하십니다. 날마다 보내신 소명의 자리에서 자기 사명을 감당하며 성장하고 성숙하길 원하십니다. 처음부터 큰 것을 맡기시는 것이 아닙니다. 감당할 수 있고, 배움과 성장으로 이어질 수 있을 양과 종류들을 맡기십니다. 작은 것을 감당할 수 있는 사람만이 큰 것을 맡을 수 있습니다.

그렇다고 이런저런 달란트를 아이템 모으듯 획득하는 것으로 간주하면 안 됩니다. 달란트는 언젠가를 위해 인위적인 노력으로 학습하거나 습득, 취득하는 것이 아닙니다. 달란트는 소명의 길을 걷도록 각각의 상황과 형편과 여정에 꼭 맞게 부여하시는 하나님의 선물입니다. 우리는 달란트를 활용하며 위탁자이신 하나님을 떠올리게 됩니다. 달란트를 운용하는 모든 순간 즉, 준비-실행-결실의 전 단계에서 하나님과 함께하게 됩니다.

한 달란트 가진 종도 처음 한두 달은 주인을 떠올렸을 것입니다. 자신에게 한 달란트를 맡긴 주인의 의도를 헤아리기 위해 노력했을 것입니다. 그러나 그는 아무것도 하지 않았습니다. 시간이 흐르면서 주인도, 달란트도 잊히고, 마치 주인이 돌아오지 않을 것처럼 살게 되었습니다. 주어진 상황은 동일했습니다. 다른 종들도 똑같이 흔들렸겠지만, 그들은 매일 달란트를 살피고 활용하며 주인을 떠올렸습니다. 주인의 명령을 상기하며 맡긴 의도를 헤아려 충성을 다했습니다. 주인이 반드시 돌아올 것이란 사실을 믿어 의심치 않은 것입니다. 이렇듯 달란트는 하나님과의 관계 속에서 이해되어야 합니다.

소명이 특정 직업에 국한되지 않듯, 달란트의 의미도 가시적이고 세속적인 능력 혹은 결과물로 축소되어서는 안 됩니다. 하나님은 '얼마나 엄청난 소명을 이루었는가?'가 아니라 날마다의 부르심과 명령에 '마음을 다하여 임했는가, 반응했는가'를 보십니다. 시작과 과정과 결실의 모든 순간에 소명을 주시고 달란트를 부여하신 하나님을 떠올리며 신뢰하는가, 매 순간 함께하는가를 보십니다.

소명의 삶 속에 심겨진 달란트

달란트는 우리를 특별하게 만드는 재능, 성격, 경험, 환경 등 모든 요소를 포함합니다. 우리는 소명을 위해 이 달란트를 활용할 자유와 권한을 얻었습니다. 달란트를 운용하는 과정에서 우리의 인격과 태도, 성품, 가치관, 사고방식 등 존재와 삶의 궤적들이 조금씩 변화해 갑니다. 하나님은 소명의 길을 걷는 자들에게, 소명의 길을 걷도록 달란트를 선물로 주십니다. 작은 것에 충성하며 성실히 달란트를 가꾸어 온 이들은 더욱 많은 것을 맡기시는 은혜를 경험하게 될 것입니다(시78:70-72).

우리는 달란트를 통해 나의 소명을 헤아릴 수 있습니다. 내가 소유한 모든 것, 잘하는 것, 마음을 다해 임하는 것 등이 무엇을 위한 것인지 기도하며 고민해 보십시오. 성급히 추론하거나 결론을 내리라는 말이 아닙니다. 내게 주신 선물들을 가지고 하나님 앞으로 나아가 '어디에서, 어떻게 쓰면 좋을지', '지금, 여기에서 무엇을 먼저 시작할지' 내 안에 계신 성령님과 깊은 대화를 나누십시오. 성령의 조명 아래 예수님의 말씀으로 하나님의 뜻을 묻고 듣고 행하십시오. 하나님은 매일의 묵상 가운데 '오늘'만큼의 소명을 보이실 것입니다. '오늘'의 소명과 달란트에 충성을 다한 자에게 '내일, 모레, 그다음 날'들을 위한 새로운 길을 보이실 것입니다.

| 더 깊이 생각해보기 |

❶ 나에게 주신 달란트는 무엇입니까?

❷ 그 달란트를 어떻게 활용하고 있습니까?

❸ 그 일은 하나님과 어떤 관련이 있습니까?

❹ 내게 주신 달란트를 통해 삶과 사역이 확장되는 경험을 하고 있습니까?

❺ 사모하는 달란트가 있나요? 이유는 무엇입니까?

❻ 달란트를 가꾸고 확장시키기 어떤 노력을 해왔습니까?

MEMO

5장

소명 찾아가기 2
긍휼

긍휼의 마음을 품게 하신 하나님은
언제, 어디서, 무엇을, 어떻게 해야 할지, 얼마만큼 해야 할지
세밀하고 구체적인 행동 방식으로 우리를 이끄실 것입니다.

진정한 긍휼의 마음

예수님께서 말씀하신 '가장 작은 자'는 누구일까요?

오랫동안 이에 대해 고민했던 청년이 있었습니다. 그는 "너희가 여기 가장 작은 자에게 한 일이 내게 한 일이라"라는 말씀을 품고 사회에서 가장 소외된 이들을 찾아 나섰습니다. 조현병 앓는 이들을 만났을 때, '이들이야말로 가장 작은 자다'라는 마음이 들었습니다. 청년은 그들과 함께 생활하며 조현병 환자들의 자립을 돕기 위한 '히즈빈스'라는 회사를 설립했습니다. 십수 년이 지난 지금도 그 일을 계속해 오고 있습니다.

사회적 약자들에 대한 가슴 아픈 사연들을 접할 때면 깊은 연민을 느끼게 됩니다. 귀한 마음이 분명하지만 그러한 감정을 실행으로 옮기고 지속적으로 유지하는 것은 또 다른 문제입니다. 단순한 동정심을 넘어 타인의 고통에 공감하고 실제 돕는 행위로 연결되는 것이 중요합니다. 그러므로 우리에게는 모든 상황에 공감하시며 인애와 긍휼을 베푸시는 하나님의 마음이 필요합니다.

선한 사마리아인에게서 배우는 긍휼

우리 주변의 가장 작은 자는 누구일까요? 성경 속 '선한 사마리아인의 비유'를 함께 살펴봅시다(눅10:25-37). 이 비유는 '무엇을 해야 영생을 얻을 수 있습니까?'라는 한 율법학자의 질문에서 시작됩니다. 대화는 '누가 내 이웃인가?'라는 질문으로 이어지고, 예수님은 대답 대신 다음 이야기를 들려주십니다. 예루살렘에서 여리고로 가던 한 사람이 강도를 만나 심각한 폭행을 당하고 버려집니다. 길 가던 제사장과 레위인은 그를 보고도 지나쳤지만, 사마리아인은 연민을 느끼고 그 사람을 살핍니다. 여관으로 데려가 비용을 치르며 치료를 부탁하고, 혹 부족하면 돌아오는 길에 더 지불하겠다고 말합니다. "세 사람 중 누가 강도 만난 자의 이웃이 되겠느냐?" 비유 끝에 예수님께서 물으셨습니다. '자비를 베푼 자'라는 대답에 예수님은 "너도 이와 같이 하라"고 말씀하십니다.

선한 사마리아인의 비유는 진정한 이웃 사랑이 무엇인지, 누가 진정한 이웃인지를 일깨웁니다. 이 이야기에서 주목할 점은 크게 세 가지입니다. ①사마리아인의 상황, ②어디까지 도울 것인가, ③누구까지 이웃인가?

먼저 사마리아인의 상황입니다. 사마리아인은 당시 유대인들에게 천대받고 배척되던 대상입니다. 유대인과 사마리아인의 관계로 보건대, 길을 지나던 세 사람 중 도움을 줄 확률이 가장 낮은 사람입니다. 선의로 강도 만난 사람을 도와주더라도 불필요한 오해나 시비에 휘말릴 염려가 있었습니다. '굳이 나서야 하는가?' 몇 번이고 고민했을지 모르지만, 사마리아인은 강도 만난 자에게 긍휼을 베풀었습니다. 이렇듯 '긍휼'은 상황에 상관없이 누군가를 돕는 수준을 뜻합니다. '아쉽게도 상황이 되지 않네요.'라며 거절한 요청들이 얼마나 많았는지 기억해 보십시오.

긍휼의 깊이는 일시적 도움을 넘어 '어디까지 도울 것인가?'에 따릅니다. 사마리아인에게도 여러 선택지가 있었을 것입니다. 그냥 지나치되 성읍에 가서 알린다면, 아주 외면하지는 않더라도 적당히 불미스러운 일에 연루되지 않는 선에서 책임을 다했다는 합리화가 가능합니다. 또는 수중에 있는 물을 나눠주고, 붕대를 감아주고, 정신이 드는지 체크하는 정도로만 돌보고 떠나는 방법도 괜찮아 보입니다. 여관까지 데려가는 능동적 방식을 택한다 해도, 굳이 추후에 드는 비용까지 더 지불해야 할 필요까지는 없습니다. 그러나 사마리아인은 그렇게 하기로 결정했고 그대로 실행했습니다. 잠깐의 연민과 감동, 부담 없는 금액을 지불하는 것은 크게 어렵지 않습니다. 여력이 되는 한에서 시간과 재능을 기부하고, 몸으로 헌신하는 일은 적당한 보람과 만족을 가져다줍니다. 그러나 '자기 자신'을 지불하기로 결정하는 일은 쉽지 않습니다(갈2:20). 긍휼은 감정을 넘어선 '행동'이며 자기희생을 수반합니다.

 '내 이웃은 누구인가?'에 대한 답은 '사마리아인'이었습니다. 사마리아인이 강도 만난 자의 이웃이 되어 주었죠. 그런데 긍휼한 이웃이 누구일지는 우리가 결정하는 것이 아닙니다. 사실 사마리아인의 입장에서 강도 만난 자는 이웃으로 여기기에 참 버거운 대상입니다. 초면인 데다 본래 자신을 벌레 보듯 대하는 이들 중 하나인데 위험도 무릅쓰고, 돈도 쓰고, 시간도 쓰고 참 고생입니다. 그러나 사마리아인은 강도 만난 자를 이웃으로 여겼고, 그의 이웃이 되어 주었습니다. 예수님이 우리에게 하신 것처럼 말입니다. 사랑하는 사람을 위해서는 꽤 많은 것을 내어줄 수 있습니다. 그가 어려움을 겪으면 절로 안타까운 마음이 들죠. 그러나 도저히 그럴 수 없는 대상이 긍휼히 여겨야 할 이웃이라면 어찌하시겠습니까?

사마리아인과 동일한 결정을 내리는 게 말처럼 쉬운 일은 아닙니다. 결국 긍휼은 인간이 스스로 갖기 어려운 마음입니다. 하나님 없이는 불가능한 일입니다. 우리 안에 계신 성령께서 긍휼을 품게 하시고, 직접 실행하게 하시며, 지속적으로 유지하도록 역사해 주셔야만 가능한 일입니다. 하나님은 우리를 '사랑'하셨기에 인간의 몸을 입고 이 땅에 오셨습니다. '구원'을 위한 실제적인 여정을 시작하신 것입니다. 하나님은 인간의 몸을 입으시기까지, 자기 자신을 버리시기까지 우리를 긍휼히 여기셨습니다(빌2:6-8). 배신할 것이 명백한 제자들, 의인이라고는 하나도 찾을 수 없는 세상 사람들을 사랑하시되 끝까지 사랑하셨습니다(요13:1). 성령을 선물로 보내셔서 영접하는 자들 안에 거하시기로 하신 것입니다. 내주하신 성령은 어떠한 경우에도 우리를 떠나지 않고 보호하시며, 바른길로 인도하심으로써 온전한 긍휼의 본을 보이셨습니다.

하나님을 통해, 하나님의 마음을 품을 때 참 긍휼을 베풀 수 있습니다. 외적으로는 봉사와 유사해 보이므로 긍휼을 그저 '어려운 이를 돕는 일'로 오해하기 쉽습니다. 그러나 그리스도인과 신앙 공동체가 행하는 '긍휼'은 세상에서 많은 사람이 행하는 기부나 선행과 본질적 측면에서 구별됩니다. 행위의 주체, 동기, 대상의 범주, 기대하는 결과와 지속성에서 그러합니다. 봉사는 개인의 의지나 필요에서 비롯되지만, 긍휼은 성령께서 주체가 되십니다. 내 삶의 주인 되시는 주님께서 그분의 마음을 품게 하시고, 주님의 눈으로 대상을 바라보며, 주님처럼 행하게 하시는 것입니다. 봉사나 선행도 분명 아름답고 귀한 일이지만, 하나님이 보이신 사랑과 긍휼에 비하면 동기, 범주, 결과, 지속성 면에서 매우 지엽적입니다.

긍휼을 통해 소명을 바라보기

긍휼은 소명과 긴밀히 연결되어 있습니다. 긍휼은 사람이 스스로 갖는 마음이 아닙니다. 그렇기 때문에 우리는 하나님의 인도하심과 공급에 의지할 수밖에 없습니다. 누군가를 긍휼히 여기며 자신을 내어놓기 시작했다면, 그것은 소명 위에 서있다고 볼 수 있을 것입니다. 이는 하나님께서 나를 통해 일하고 계시며, 그분의 목적을 더욱 분명히 알아가야 할 시점임을 뜻합니다. 왜냐하면 긍휼은 인위적으로 만들어지는 것이 아니라, 성령께서 우리 안에서 역사하신 결과이기 때문입니다. 긍휼의 마음은 하나님께서 나를 통해 어떤 상황과 문제를 다루고자 하신다는 신호입니다. 진정한 긍휼은 단순한 동정심을 넘어선 깊은 공감과 이해를 동반합니다. 하나님께서는 그 긍휼의 마음을 주신 순간부터, 언제, 어디서, 무엇을, 어떻게, 얼마만큼 해야 할지를 구체적으로 인도해 주실 것입니다.

예수님이 보여주신 긍휼은 깊고도 아픈 사랑의 표현이었습니다. 예수님께서 평생 자기를 위해 기도하신 것은 오직 한 번, 겟세마네 동산에서의 기도뿐이었습니다. 그 외의 모든 기도와 사역은 세상과 사람들을 위한 것이었습니다. 예수님께서 보이신 긍휼은 하나님의 사랑에 기인한 것이었습니다. 이는 길을 잃고 존재와 가치를 의심하며 시체처럼 살아가고 있는 이들을 향한 깊은 공감과 치유의 행위로 드러났습니다. 결국 긍휼은 창조된 제 자리, '보시기에 참 좋았던' 모습 그대로 치유하며 회복케 하시려는 구원의 복음에 잇닿아 있는 것입니다.

긍휼을 품고 소명을 감당할 이들은 하나님의 마음이 어디로 향하는지 주목해야 합니다. 하나님의 눈이 머무는 영혼들, 상황들, 문제들의 사회적, 환경적 맥락을 깊이 이해하고 공감해야 합니다. 궁극적으로 그곳에서 새로운 창조를 행하실 하나님의 동역자로 서야 합니다. 치유와 회복을 위한 하나님의 구체적인 계획에 귀 기울이십시오. 날마다 하나님이 정하신 때와 방법에 주의하며 그분이 가리키시는 현장으로 향하십시오. 소명을 찾게 해 달라고 기도실에만 머물 것이 아니라, 하나님께서 친히 일하고 계신 현장으로 나가십시오. 내가 그 안에, 그가 내 안에 거할 때(요 15:5), 하나님이 일하시는 곳에 나도 있게 될 것입니다. 하나님이 일하시니 나도 일할 것입니다.

| 더 깊이 생각해보기 |

❶ 내가 사마리아인이라면 어떤 선택을 했을까요?

❷ 그리스도인으로서 나의 섬김, 봉사, 사역은 세상의 그것과 차별성을 가지고 있습니까?

❸ 나의 섬김, 봉사, 사역의 목적은 무엇입니까?

❹ 예수님이 긍휼을 베푸신 목적은 무엇입니까?

❺ 내게 긍휼의 마음을 부어주시는 대상이나 사역이 있습니까?

❻ 강도 만난 자는 사마리아인의 도움으로 회복 후 어떤 삶을 살았을까요?

6장

소명 찾아가기 3
공동체

소명은 단순한 개인의 성취를 넘어
하나님의 큰 그림 안에서 우리의 역할을 찾고,
그분의 사역에 동참하는 것을 의미합니다.
복음과 소명이 함께할 때, 우리는 비로소 하나님의 뜻을
온전히 이루어가는 삶을 살아갈 수 있습니다.

친밀한 소수의 공동체

당신의 삶에 진정으로 의미 있는 친밀한 공동체가 있나요?

대부분의 교회는 새신자의 적응 및 신앙생활을 돕기 위해 연관된 공동체(소그룹)들을 소개합니다. 특히 젊은이들은 비슷한 고민과 관심사를 지닌 청년 그룹에 속하여 말씀과 삶을 나누며 기도 제목들을 공유합니다. 교회 내 공동체는 지체 및 교회의 영적 성장과 부흥에 중요한 역할을 감당합니다. 그럼에도 때로는 부담으로 다가오거나 세상의 모임들과 별반 다를 바 없어 보이기도 합니다. 피상적이고 형식적인 관계가 지속되면 '굳이 소속되어야 하나?'라는 의문을 품게도 됩니다.

소명의 길을 걷는 이들에게 '공동체'는 어떤 의미일까요? 이상적인 공동체의 모습은 무엇일까요? 어떻게 하면 그리스도의 길을 걸어가는 동료들과 함께 의미 있는 공동체를 만들어 갈 수 있을까요? 공동체는 단순한 모임 이상의 의미를 가집니다. 공동체를 구성하는 각각의 지체들은 소명의 여정을 함께 가는 길동무이며, 넘어진 이들을 일으켜 세우고 영적 전투와 고난의 순간을 함께 겪어내는 전우들입니다. 소명의 길은 부활과 승리의 푯대를 향해 있지만, 그 길의 여정에는 십자가 고난이 수반됩니다. 그 때문에 소명을 발견하고 그 여정을 결단한 이들에게 길동무요, 영혼의 동반자인 친밀한 공동체, 신앙 공동체는 필수 불가결한 요소라고 볼 수 있습니다.

소명의 길은 하나님의 뜻을 따라 내 삶의 방향을 잡는 것입니다. 하나님은 내 삶과 소명을 통해 그분의 섭리를 펼치실 것입니다. 그래서 소명의 길을 걷는 이들은 하나님의 음성에 귀 기울이며 그분의 뜻에 청종하는 자들입니다. 나와 더불어 나보다 앞서간 신앙의 선배들, 함께 길을 걷는 동료들은 그리스도인으로서 내주하시는 성령의 인도하심을 받는 이들입니다. 공동체는 단순한 길동무를 넘어 하나님의 음성을 듣는 귀중한 통로입니다. 말씀과 기도를 통해 주님의 뜻을 분별하며 소명의 길을 걷고 있지만, 때로 바른 경로인지 혼란스러울 때가 있습니다. 이때 하나님은 한 성령으로 한 몸 된 지체들을 통해 그분의 음성을 확인해 주십니다(행 10장).

신앙 공동체 안에서 나눔은 세상의 조언이나 충고와 다릅니다. '신앙 공동체'는 자기 의견이나 삶의 지혜, 연륜을 뽐내는 자리가 아닙니다. 인간적인 경험으로 조언이나 충고를 하는 자리가 아닙니다. 내게 들려주신 하나님의 음성과 그에 대한 나의 반응, 결단들, 그 결과 경험하게 된 하나님과 그분의 역사를 진솔하게 고백하고 나누는 자리입니다. 하나님은 자신의 삶을 하나님 안에서 고민하고 고백하는 지체의 입술을 통해 내게 말씀하실 것입니다. 서로의 형편을 다 헤아려 위로하고 조언하지 않아도, 내 이야기만 했을 뿐인데 성령께서 각자의 귀를 열어, 각자 들어야 할 음성을 듣게 하시는 것입니다.

공동체에 속한 자들은 성령을 통해 말하고 듣고 그분의 조율하심 아래 놓입니다. 소명의 길, 하나님의 뜻을 좇는 자들에게 공동체는 옵션이 아닙니다. 하나님의 음성을 명확히 듣고 확인하는 필수적이며 귀중한 통로입니다. 우리는 공동체 안에서 소명을 발견하고 확인해 나갑니다. 지체들의 입술을 통해 주시는 성령의 음성을 통해, 하나님과 내가 바른 관계 가운데 있는지 점검합니다. 지체들, 가족들, 주변 사람들과의 관계를 하나님의 관점으로 다시 한번 바라보게 됩니다. 내 입장에 갇혀 불평과 원망 가운데 있다가도 지체의 입술을 통해 반대 입장인 이의 심정을 이해할 수 있게도 됩니다. 내 형편을 전혀 모르는 지체의 고백이기에 성령의 음성임을 수긍하게 되는 순간들을 우리는 종종 경험합니다. 우리 안에 계신 성령은 '한' 성령이십니다. 개개인에게 주시는 특별한 소명이 있지만, 각자의 소명이 한 성령 아래 있으므로 큰 방향성은 다를 수 없습니다. 선하신 하나님의 속성에 벗어나는 일, 사랑의 관계를 훼손하는 일, 창조의 순리에 벗어나는 일들은 하나님의 일도 소명도 아닙니다.

성경에서 공동체는 어떠한가?

성경에는 여러 가지 공동체가 등장합니다. 먼저 하나님은 자기 뜻을 이루시고자 '이스라엘'을 택하셨습니다. '이스라엘'은 특정 개인에 기반한 혈통, 민족적 개념이 아닙니다. 하나님은 '출애굽'이라는 위대한 구원을 통해 하나님을 하나님으로 고백하는 모든 이들을 하나님의 백성, 이스라엘로 받아들이셨습니다(출12:38). 예언서 또한 여호와의 날 세상 모든 민족과 열방이 주님을 찬양하며 돌아올 것을 선포합니다.

예수님은 열두 제자 및 그분을 따르는 이들을 불러 공동체를 형성하셨습니다. 제자 공동체는 사역의 도구를 넘어 하나님 나라의 본질을 보이신 살아있는 모델이었습니다. 예수님의 제자 공동체는 다양한 배경을 가지고 있었습니다. 남성과 여성, 부자와 가난한 자, 지위를 가진 자와 천대받는 자, 내향적인 자와 외향적인 자, 여러 직업을 가진 자들이 모였습니다. 소명이 특정 계층이나 능력에 제한되지 않음을 보여줍니다. 제자들은 함께 생활하며 예수님의 가르침을 배우고 서로의 부족함을 채워가며 성장했습니다.

이처럼 공동체는 예수님 안에서 소명을 발견하고 장성한 분량으로 이르도록 함께 성장해 가는 양육의 장이 되어줍니다. 예수님은 모인 이들을 시험하여 우수한 인재를 가려내고 선발하신 것이 아닙니다. 다양한 배경, 능력을 갖춘 이들을 모아 한 몸을 이루게 하셨습니다. 하나님 나라의 원형인 에덴동산에서는 모든 피조세계가 제 자리에서, 저만큼의 역할을 하며, 서로의 존재에 의지하여 조화를 이루었습니다. 서로의 부족함을 채우고 각각의 존재를 귀히 여기던 그곳은 마치 한 가족, 한 집(헬, 오이쿠메네) 같았습니다(창 1장, 사 11장).

그리스도인들에게 신앙 공동체는 필수입니다. 소명의 길을 처음 걷기 시작할 때도, 연약한 믿음으로 흔들릴 때도, 성령님과의 친밀한 관계를 통해 성령 충만한 때에도, 모든 순간 중보하며 격려하는 선물 같은 존재가 바로 공동체입니다. 따라서 여기에서 이야기하는 공동체는 모든 사람이 모여 있기만 한 그룹이나 조직을 의미하지는 않습니다. 교회에서 모였다고 해서 다 성경에서 말하는 공동체가 저절로 되지 않습니다. 예수님이 머리 되고 서로가 지체가 되는 진짜 공동체인지, 오히려 시기하고 질투하며 각자 자랑하고 있는 저질의 불필요한 모임인지 점검해 볼 필요가 있습니다.

공동체를 통해 소명을 바라보기

소명과 공동체는 크게 세 가지의 관련성을 가지고 있습니다. 첫 번째는 소명 자체가 본래 공동체와 깊은 관계가 있다는 관점입니다. 하나님께서는 한 영웅 개인만을 통하여 일하시기보다는 결국 공동체를 통하여 일을 이루십니다. 그래서 우리는 공동체 안에서 우리의 소명을 함께 이루어가는 협력자이자 길을 걸어가는 동반자 관계를 이룩하게 됩니다. 두 번째로 소명의 길을 찾을 때에도 공동체는 중요합니다. 함께 기도하는 공동체는 서로의 모습에서 하나님의 형상과 그 은혜를 발견하게 되며 큰 맥락에서 성령님께서 이끄시는 방향성을 공유합니다. 그래서 소명을 찾아가는 과정에서 우리는 좀 더 수월하게 그 길에 이를 수 있습니다. 마지막으로 공동체는 소명을 유지하는 데 가장 중요한 지지 기반입니다. 소명의 길은 매우 좁고 험난합니다. 많은 유혹으로 어긋날 때도 당연히 있습니다. 그 긴 여정을 한 개인의 신앙이나 노력으로 지켜낼 수 없습니다. 이때 우리에게 허락된 소수의 친밀한 공동체는 서로 중보하며 그 길을 계속하여 갈 수 있도록 도와줍니다. 때로는 기도로, 때로는 위로로, 때로는 재물이나 노력으로 서로의 길을 응원합니다.

반대의 관점에서도 이 이야기는 통용됩니다. 우리는 좋은 공동체 안에서 소명을 키워야 합니다. 그러나 반대로 진짜 공동체는 소명을 나누고 그 비전을 성장시킬 수 있어야 합니다. 매일 모여서 나누는 기도 제목을 돌아봅시다.

너무 과도하게 각자 개인적인 문제에 매몰되어 있지는 않은가요? 진로, 학업, 건강, 결혼 등 모두가 중요합니다만 공동체의 비전을 위해서, 사회의 무너진 부분을 위해서, 내가 긍휼히 여기는 마음을 얻은 이웃들에 대해서 얼마나 많은 진심 어린 기도 제목이 나누어지고 있는지 돌아보아야 합니다. 얼마나 그 마음들이 모이고 큰 흐름에서 하나의 방향을 이루고 있는지 점검해야 합니다. 우리는 각자의 길을 가고 있는 것 같지만, 크게 보자면 모두가 그리스도의 길에 합류하여 걸어가고 있는 사람들이기 때문입니다. 점점 더 우리의 기도와 소명이 공명해질 때 일하시는 하나님을 함께 발견하며 살 수 있게 될 것입니다.

소명은 매우 개인적인 것으로서 누군가가 대신해 줄 수 없습니다. 그럼에도 공동체를 통해 하나님의 음성을 듣는다는 측면에서 공동체는 소명의 필수입니다. 혼자서는 그 길을 갈 수 없습니다. 하나님께서 허락하신 공동체, 지체들과 함께 끝까지 소명의 길을 완주하길 기도합니다.

| 더 깊이 생각해보기 |

❶ 나는 어떤 공동체들에 소속되어 있습니까?

❷ 각 공동체는 어떤 특징들을 갖고 있습니까? 장단점은 무엇입니까?

❸ 그 공동체들은 나에게 주신 소명과 어떤 관계에 있습니까?

❹ 소명의 관점에서 공동체를 통해 받은 유익이나 도움이 있습니까?

❺ 친밀한 소명 공동체를 세워가려면 무엇이 중요할까요?
   ▫ 친밀한 소명 공동체를 세워가는 데 장애물은 무엇입니까?

7장

고난과 열매

하나님의 일하심이 더욱 두드러지는 광야의 시간,
그러기에 우리는 더욱 강한 생명력,
더욱 값진 소명의 열매를 얻게 됩니다.

광야의 삶

당신의 삶에 광야와 같은 시간이 있었나요?

'고난'하면 떠오르는 곳이 '광야'입니다. 고난이 집약된 상징적이며 실제적인 공간으로 성경에서 자주 사용됩니다. 그래서 우리도 어려운 과정을 거치고 있는 지체에게 '광야를 지나고 있구나.'라고 이야기합니다. 세상에 이런 '광야'를 반기는 사람이 있을까요? 죄로 인한 형벌이나 고문처럼 느껴질 만큼 힘들고 외롭고 고통스러운 것이 '광야'입니다. 그러나 광야는 결코 '고난'으로 끝나지 않습니다. 인내와 고통 중에 새로운 생명이 태어나는 영적 산실입니다. 그곳에서도 하나님은 여전히 하나님이시며 우리를 인도하여 회복으로 이끌어 가십니다. 우리는 광야 한 가운데서도 하나님과 함께라는 사실을 기억해야 합니다. 꼭 무엇을 해야 하는 것이 아니라 하나님과 동행하는 것 자체가 구원이며 소명이며 소망입니다. 광야에서도 허락되는 세밀한 음성과 손길에 귀 기울이십시오. 하나님은 광야를 통해 새롭게 하시며 깊이 성장하도록 이끄십니다.

성경의 인물들도 고난이 가득한 광야를 지났습니다. 모세는 화가 나서 사람을 죽이고 광야로 도망갑니다. 이후에는 40년간 이스라엘 민족과 광야를 다니다가 거기에서 죽습니다. 다윗도 광야에서 참 어려운 시간을 보냈죠. 요셉은 광야에서 버려지고 팔립니다. 바울도 그렇게 광야에서 훈련받으며 하나님의 사람으로 성장했습니다. 성경의 거의 모든 인물은 하나님께 쓰임 받기 전에 광야를 거치게 됩니다.

소명의 길을 살아가면서 우리는 광야를 만나게 됩니다. 소명의 길에는 예상치 못한 돌발 상황과 어려움들이 발생합니다. 가끔 소명대로 살면 레드 카펫이 쫙 깔리는 것처럼 다 잘될 것 같지만, 오히려 그렇지 않습니다. 그래서 세상적으로 잘되기 위해 소명을 찾는 사람에게는 큰 실망을 안겨줄지도 모릅니다. 소명을 따라 사는 삶은 좁은 길입니다. 세상 기준의 평탄함이나 성공의 기준에 크게 동떨어진 기분이 들면서 내 삶에 대해 근심하게 됩니다. 혹은 이 고난의 끝에 성장과 성숙과 승리가 있을 거라고 심리적으로, 영적으로 동기를 부여하려 애씁니다. 자칫 잘못하면 정신승리의 함정에 빠지게 됩니다. 또는 엄혹한 세상과 관계 속에 버티고 인내해서 결국 살아남는 마지막 일인이 되기를 꿈꿉니다. 그러나 이것도 옳은 대응이 아닙니다. 소명의 길은 생존의 훈련이 아니기 때문입니다. 하나님은 우리를 약육강식 속에 살아남도록 억지로 고통스럽게 훈련하시는 것이 아닙니다. 광야의 시간, 고난의 순간 내가 어떤 존재인지를 정확히 바라보게 하시는 것입니다. 그곳이어야 시끄러운 세상의 것들은 중단하고 하나님의 소리를 들을 수 있습니다. 마치 하나님인 양 모든 것을 계획하고 결정했던 나, 깊은 신앙을 가진 것처럼 말마다 하나님과 신앙을 일삼지만, 정작 신앙을 내 심적 평안과 성공의 도구로 삼았음을 인정하게 하십니다. 예배나 기도를 밀어놓지는 않습니까? 나는 유한한 존재이며 피조물일 뿐입니다. 예배실 문을 열고 나와 세상에 발 딛는 순간부터 우리는 하나님이 더욱 필요합니다. 내가 지금 왜 광야에 있는지, 이 광야에는 어떤 목적이 있는지 이해해야 합니다. 세상이라는 광야에 소명이 필요한 이유입니다.

소명의 여정에서 하나님이 맺어주시는 열매

그리스도인이 맺는 '열매'는 인위적 노력의 결과나 행운의 산물이 아닙니다. 하나님께서 내 삶에 이루어 가시는 특별한 과정의 결과요 징표입니다. 하나님은 광야의 시간을 통해 불필요한 가지들을 쳐내십니다. 열매 맺기 좋은 땅으로 뒤집어엎어 일구고 가꾸십니다. 농부이신 하나님의 손에 붙들린 인생, 생명의 근원이신 주께 붙어 있는 인생만이 풍성한 열매를 맺을 수 있습니다(요15:1-2). 하나님께서 내 존재와 삶을 가꾸시도록 온전히 내어 맡기고 있습니까? 생명의 근원이신 주님께 연결되어 있습니까?

'열매'는 숫자나 등수로 매길 수 없는 것입니다. '몇 등인가, 얼마를 받고 있는가, 얼마를 소유하는가?'는 열매의 가치를 가늠하는 기준이 아닙니다. 하나님과의 관계, 친밀한 정도가 열매의 풍성함을 좌우합니다. 더 깊고 본질적인 변화 없이는 이전과 다른 삶도, 열매도, 풍성한 수확도 기대할 수 없습니다. 어떤 열매를 맺고 싶으십니까? 탐스럽고 큰 열매, 맛있는 열매를 원하십니까? 좋은 열매는 좋은 '씨앗'으로부터 시작됩니다. 생명을 품고 있는 씨앗이 열매의 핵심입니다. 열매는 멋지게 전시되는 것이 아니라 누군가에게 먹힌 뒤 버려지거나, 땅에 떨어져 썩어져야 씨앗이 심길 수 있습니다. 싹을 틔울 수 있습니다. 열매의 유익은 먹는 것을 넘어 썩어서(죽어서) 심기는 것입니다. 즉, 우리 열매의 가장 중요한 역할은 다음 열매를 준비하는 것입니다. 열매 안에는 다음 열매를 위한 씨앗이 있기 때문입니다.

오늘의 '소명'에는 내일을 위한 씨앗이 깃들어 있습니다. 하나님은 '오늘' 주신 말씀을 통해 '내일'을 준비하십니다. 전혀 그림이 그려지지 않고 알아차릴 수 없는 상황에서도 하나님은 말씀을 통해 '오늘'을 살아내게 하시며 '내일'을 준비하게 하십니다. 오늘의 말씀을 통해 해결된 줄만 알았던 과거의 상처들을 끄집어내시고 치유하십니다. 오늘의 말씀을 통해 현재 나의 문제를 정확하게 짚으시고 해결해 나가십니다. 오늘의 말씀을 통해 다음의 일들을 준비하게 하십니다. 하나님은 오늘 걷는 소명의 구간을 통해 과거, 현재, 미래 전체를 다루시고 빚어 가십니다. 각각의 날들을 통해 씨앗을 심으시고, 싹트게 하시며, 자라나서 새가 깃들일만한 커다란 나무, 열매 맺는 나무로 성장하게 하십니다.

열매는 겉모양뿐 아니라 속도 중요합니다. 보이는 것이 전부가 아닙니다. 실제 건강한 생명을 머금고 있는지 살펴야 합니다. 하나님은 '열매 맺는 삶'을 위해 제자들을 부르셨습니다. 죄로 인해 병들고 마르고 죽어가는 인생에 십자가와 부활로 새 생명을 불어넣으셨습니다. 농부가 좋은 열매를 위해 건강하고 실한 나무를 선발하는 것은 당연한 일일진대, 농부이신 우리 하나님은 병들고 마르고 죽은 나무들을 거절하지 않으셨습니다. 부름을 받기 전의 열두 제자, 또 우리의 모습이 그러합니다. 병들고 마르고 시체와 같던 우리의 존재와 삶은 예수님의 십자가와 함께 못 박혀 죽었습니다. 예수님의 부활과 연합하여 생명을 얻었고 마른 흙 같던 존재에 하나님의 기운이 깃들었습니다. 하나님이 친히 다듬고 좋은 밭으로 일구셔서 복음의 씨앗이 심기자 새 생명이 돋았습니다. 하나님과 동행하는 소명의 삶에는 열매가 맺히는 것입니다. 첫 열매이신 예수님은 다음 열매들을 위해 기꺼이 썩어 묻히는 길을 택하셨습니다. 또한 부활의 첫 열매이신 그분의 생명이 우리 안에 깃들었고, 또 다른 생명들로 이어졌습니다(요12:24, 고전15:20). 이제는 우리 차례입니다.

생명이 없는 가지는 아무 쓸모가 없습니다. 열매는 커녕

불에 던져질 것입니다. 우리는 하나님께 붙어 있는 가지여야 합니다. 열매 맺는 것은 가지의 역할이 아닙니다. 그저 포도나무에 붙어 있을 때, 어느새 열매를 맺게 되는 것입니다. 가지가 애쓸 것은 열매 맺는 것이 아니라 나무에 온전히 붙어 있어 뿌리로부터 양분을 받는 것입니다. 우리가 최선을 다할 것은 계획을 세우고 성취하며 성과를 내는 것이 아닙니다. 오늘 들어야 할 말씀을 듣고, 마음에 새기고, 그 말씀으로 오늘의 모든 것을 보고 듣고 결정하고 선택하는 것입니다. 하루를 마치는 날, 소명의 구간을 마치는 날, 우리는 비로소 깨닫게 될 것입니다. '아, 그래서 하나님이 그때 그 말씀을 주셨구나. 그 사람을 만나게 하셨구나. 그곳에 나를 보내셨구나.' 우리는 하나님의 앞모습을 볼 수 없습니다. 모든 일이 지난 후 하나님의 깊고 넓은 뜻을 헤아릴 수 있습니다. 그래서 우리는 늘 주님의 등을 봅니다 (출33:20-23).

하나님의 일하심이 더욱 두드러지는 광야의 시간, 그러기에 우리는 더욱 강한 생명력, 더욱 값진 소명의 열매를 얻게 됩니다. 건조하고 황폐한 땅일수록 포도나무는 더 깊고 넓게 뿌리를 내립니다. 제대로 뿌리 내린 포도나무의 열매는 당도가 높을 뿐 아니라 소출도 좋습니다. 광야의 시간, 하나님 안에 더욱 깊이 뿌리내리십시오. 하나님께서 최상급 포도를 주렁주렁 열매 맺게 하실 것입니다. 광야에 길을 내시며 사막에 강을 내실 것입니다(사43:19).

광야의 시간을 통한 열매

소명의 길은 도장 깨기나 게임의 각 단계를 클리어해 가는 것과 다릅니다. 산재한 어려움을 이겨내고 그 결과 열매를 맺는 방식으로 작동되지 않습니다. 광야 이야기의 핵심은 하나님과의 동행이며 완주입니다. 생존이나 성취보다 하나님께 끝까지 꼭 붙어 있는 것에 열심을 내야 합니다. 세상에서는 고난과 역경을 극복해 낸 성장 스토리에 열광합니다. 그러나 광야 이야기는 하나님께 꼭 붙어 그분과 깊은 친밀감을 형성하며 더욱더 알아가는 것에 방점이 찍힙니다. 마치 두려운 순간 어머니 꽉 붙잡고 품에 뛰어드는 어린아이처럼, 고통과 두려움이 가득한 광야에서 하나님의 존재와 그분의 필요를 더욱 절실히 깨닫고 그분을 꼭 붙드는 것입니다.

광야의 시간을 지나고 계십니까? 아직은 다 이해할 수 없고 헤아릴 수 없는 시간입니다. 나를 보호하시려 하나님의 손으로 나를 덮어 잠시 감추고 가리시는 시간일 수 있습니다. 광야에서 생존의 훈련이 아닌, 죽음의 훈련을 받으십시오. 영혼과 몸에서 완전히 내 힘을 빼십시오. 하나님이 나를 위해 열심을 내실 것입니다. 가난한 마음을 가지십시오. 말씀으로 깨끗이 안팎을 청소하고 하나님으로 가득 채우십시오. 내 존재와 삶에 생명이 들어찰 때 열매가 맺힐 것입니다. 무엇을 잘하려는 마음, 무엇을 열심히 하려는 노력을 내려놓으십시오. 하나님께 매 순간 붙어 있을 때 열매는 자연히 맺히게 될 것입니다.

| 더 깊이 생각해보기 |

❶ 광야의 시간을 경험한 적이 있습니까?

❷ 그 시간을 통해 하나님과 나의 관계에 어떤 변화가 있었습니까?

❸ 이를 통해 새롭게 변화된 영역이 있습니까?

❹ 광야의 경험이 당신의 소명에 미친 영향은 무엇입니까?

❺ 광야를 지나며 내게 맺힌 열매가 있습니까?

❻ 어떤 열매를 맺고 있습니까? 어떤 열매를 맺고 싶습니까?

❼ 열매 맺는 삶을 위해 내가 힘쓰고 노력할 것은 무엇입니까?

MEMO

8장

우상과 장애물

죄와 죽음, 지옥을 묵상하기보다
선하신 하나님과 생명, 천국을 바라보십시오.
한눈팔지 않고 온전히 그분만을 바라볼 때,
빛이신 예수, 생명이신 예수,
길이신 예수님이 내 삶을 가득 채우실 것입니다.

소명의 삶에 있는 장애물들

당신에게 가장 소중한 것은 무엇입니까?

우상이란 하나님보다 더 중요하게 여기는 모든 것을 말합니다.

가시적인 형상과 더불어 돈, 권력, 쾌락 등도 포함됩니다. 특정한 형상을 섬기는 것은 금방 알아차릴 수 있는 우상 숭배지만, 돈, 욕망, 쾌락 등은 알고 있으면서도 모른 척하거나, 아닌 것처럼 포장해서라도 탐닉하려는 우상들입니다. 성경에 보면 우상에서 돌이켜 하나님께 돌아오라고 외치는 예언자들이 자주 등장하지만, 우상을 숭배하는 이방 종교들은 따로 포교 활동을 펼칠 필요가 없었습니다.

세상이 제시하는 수많은 우상이 마치 자석처럼 이스라엘 백성들을 끌어당겼기 때문입니다.

때로는 스스로도 알아차리지 못하는 우상 숭배들이 있습니다. '나'라는 존재를 가장 중요시하는 마음, 사랑과 책임이라는 명분 아래 '자녀'들을 가장 우선시하는 삶의 방식들이 그러합니다. 성실함과 부지런함으로 합리화되는 '일', 평안과 안락을 최우선으로 삼는 '라이프 스타일' 또한 성경적 가치관과 하나님으로부터 멀어지게 만드는 내면의 우상들입니다. 우상들은 하나님과 우리 사이에 끼어듭니다. 서로를 온전히 바라보지 못하도록 시선과 마음을 돌립니다. 오늘날의 청년 세대도 큰 유혹에 놓여 있습니다. 자기 행복, 내 가족만의 행복만을 중시하게 만드는 가치관이 도처에 만연하고 있습니다. 많은 청년이 소명의 길을 외면한 채 자기중심성을 부추기는 세상을 향하고 있습니다.

숨겨진 우상들

요즘 베스트셀러로 꼽히는 책 중에는 자기계발서들이 심심치 않게 발견됩니다. 개인의 가치를 높이고 행복을 추구하는 방법들을 다루는 책들입니다. 그 자체를 문제 삼을 수는 없지만, 그것이 삶의 전부이며 존재 이유라는 식의 태도는 위험합니다. 청년들이 스스로를 귀하게 여기고 끝까지 지켜내야만 하는 안타까운 사회적 구조와 현실에는 이견이 없습니다. 그럼에도 이 또한 지나치면 극단적인 자기중심성으로 치우치기 쉽습니다. 가장 낮은 담벼락을 공략해 들어오는 사탄의 속임수에 빠지게 됩니다. 자기연민과 열등감에 빠지거나 혹 은 지나친 자만심으로 왜곡된 자기 사랑에 빠질 수 있습니다. 하나님보다 더 사랑하는 존재로서 '내'가 우상이 되는 것입니다.

우리의 소명 또한 개인주의와 자아실현에 치우쳐 변질된다면 그것 역시 우상이 될 수 있습니다. 물질을 추구하는 것만 기복신앙이 아닙니다. 하나님과 상관없이 영적 체험 자체를 추구하는 것 또한 영적 측면의 기복이며 우상의 일환이 될 수 있습니다. 진정한 소명, 진정한 영성은 하나님과 분리될 수 없습니다. 창조자이며 구속자이신 하나님을 하나님으로 인정하고, 그분 안에 모든 것이 있다는 고백을 기반으로 합니다. 하나님이 결여된 채 자기 자신에 과도하게 집중하는 변질된 소명, 변질된 영성 모두 우상입니다.

인정받기 위한 수단이나 자기만족을 위한 봉사, 선교,

섬김, 헌신도 우상이 될 수 있습니다. 하나님의 뜻이나 가리키는 방향, 방법 등과 상관없는 섬김은 세상의 봉사, 선행들과 어떠한 차별성도 갖지 못합니다. 예배도 마찬가지입니다. 하나님과 관계없이 심리적 안정과 평안을 위해 신앙 공동체나 집회에 참석하는 것은 예배라고 하기보다 명상이나 마음 수련에 가까워 보입니다. 수도원에서의 삶이 속세의 삶보다 영적이고 하나님 중심인 삶처럼 보이지만, 하나님이 주신 소명이 아니라 내가 선택한 도피와 안주일 수 있습니다. 외적 모양에 속지 마십시오. 참 경건은 모양이 아니라 능력으로 증명됩니다(딤후3:5). 인간적으로 변질된 소명과 그에 대한 집착, 아집은 오히려 하나님과 나의 관계를 단절시킬 뿐 아니라, 복음과 선교의 걸림돌이 됩니다.

소명 안에서 우상의 유혹으로부터 벗어나기

먼저 우리의 세계관을 바꾸어야 합니다. 성경은 늘 하나님의 백성을 향해 '깨어 있으라!'고 경고합니다(눅21:34, 골4:2). 하나님과 그분의 말씀을 새기고 매 순간 기억하라고 명령합니다(신6:4-9). 세상 한복판에서 사는 크리스천이기 때문에 더욱 그러합니다. 이스라엘 백성들은 황량한 광야에서도 수많은 유혹에 넘어졌습니다. 젖과 꿀이 흐르는 가나안 땅에서는 얼마나 많은 우상과 유혹들에 노출되겠습니까? 우리는 세상 속에 살고 있으나 하나님 자녀로 살도록 부름을 받았습니다. 무엇이 우상인지 내적으로 외적으로 건건이 분별하는 것은 불가능합니다. 그러면 어떻게 해야 할까요? 어둠을 몰아내기 위해서는 빛을 초대하면 됩니다. 어둠을 묵상하고 어둠과 싸울 필요가 없습니다. 그저 하나님 안에 거하십시오. 하나님만 바라보십시오. 하나님으로 가득한 이들은 하나님이 아닌 것을 금세 알아차릴 수 있습니다.

특별히 앞서 언급한 친밀한 공동체와 함께한다면 유혹을 이겨내는 데 큰 도움이 됩니다. 흔들릴 때마다 서로의 입술을 통해 성령의 음성을 확인하고 확신할 수 있기 때문입니다. 나의 귀가 세상에 더 열려 있을 때, 여전히 성령의 음성에 귀 기울이는 지체들을 보는 것만으로도 큰 도전과 유익이 될 것입니다.

우상의 유혹을 극복하고 소명의 길을 견지하기 위한 담대함도 필요합니다. 세상의 눈으로 나를 보면 낙심과 절망의 유혹에 걸려 넘어질 수 있습니다. 한 번의 실수는 '이제 다 틀렸으니 적당히 살자' 혹은 '딱 한 번만 더'라는 유혹으로 이어질 수 있습니다. 하나님은 우리를 사랑하시며, 심판이 아니라 구원을 위해 아들을 보내셨습니다(요3:16). 하나님 안에서 겪는 시행착오들을 더욱 큰 죄로 확장하려는 사탄의 속임수에 넘어가지 마십시오.

소명은 우리에게 잊히지지 않고 변하지 않는 하나의 지침을 제공합니다. 그래서 끊임없는 장애물과 우상에도 우리의 방향은 바뀌지 않습니다. 우리의 인내가 뛰어나서도 아니고, 우리의 지혜가 충분하기 때문도 아닙니다. 우리는 늘 경계하고 겸손하게 자신의 부족함을 인지해야 합니다. 그러나 실수하지 않으시는 하나님, 그분을 기억하고 관계 맺는다면 그 분 덕에 승리할 것을 믿어도 좋습니다.

그렇게 우상을 가려내고 싸우기보다 하나님 안에 거하십시오. 죄와 죽음, 지옥을 묵상하기보다 선하신 하나님과 생명, 천국을 바라보십시오. 한눈팔지 않고 온전히 그분만을 바라볼 때, 빛이신 예수, 생명이신 예수, 길이신 예수님이 내 삶을 가득 채우실 것입니다. 넘어지면 하나님의 손을 잡고 일어나십시오. 나는 혼자가 아닙니다.

| 더 깊이 생각해보기 |

❶ **내가 경험하는 가장 쉬운 걸림돌은 무엇입니까?**
  ▫ 매번 넘어지는 특정한 문제들, 유혹들이 있습니까?

❷ **나에게는 어떤 우상이 있습니까?**
  ▫ 쉽게 알아차릴 수 있는(없는) 우상이 있습니까?

❸ **신앙적 영역에서(섬김, 봉사, 헌신, 소명, 영성) 찾아오는 유혹은 무엇입니까?**

❹ **세상 속에서(직장, 가정, 학업, 일상, 관계) 찾아오는 유혹은 무엇입니까?**

❺ **그러한 유혹과 우상이 당신에게 미치는 영향은 무엇입니까?**

❻ **이를 극복하기 위해 나는 어떤 노력을 하고 있습니까?**

❼ **가장 극복하기 어려운 우상, 유혹은 무엇입니까? 왜 그렇습니까?**

❽ **최근 가장 많은 시간과 물질과 마음을 쓰는 것은 무엇입니까?**
  ▫ 그 일은 정말 그 정도의 가치가 있다고 생각하십니까?
  ▫ 현재의 비중을 그대로 유지할 계획입니까?
  ▫ 혹은 수정한다면 어떤 계획을 가지고 있나요?

9장

죽음에 직면하기

죽음에 관한 생각이 정리되면
삶을 바라보는 눈이 달라집니다.
삶에 대한 이해와 고난, 갈등, 관계의 문제를
전혀 다른 시각에서 접근하게 됩니다.

우리는 왜 죽음을 생각하지 않는가

당신은 어떤 우선순위를 가지고 살아가고 있습니까?

세상에는 다양한 사람들이 존재합니다. 인종, 국적, 나이, 성별 등이 서로 다르다는 것은 각각의 다채로움과 아름다움이 존재한다는 의미이기도 합니다. 그러나 서로의 다름을 우열로 평가하고 차별하며 연민과 열등감에 사로잡히는 경우들도 있습니다. 다양한 존재임에도 모든 인간이 가진 공통점이 있습니다. 언젠가 죽음을 맞이한다는 사실입니다. 오늘 하루를 더 살았다는 것은 오늘 하루 더 죽었음을 의미합니다. 우리는 어떤 의미에서 '죽어가고' 있는 것입니다. 우리는 하루하루, 죽음에 더 가까이 가고 있습니다.

  죽음이 기정화 된 사실임에도 우리 중 대부분은 '죽음'에 대해 잘 생각하지 않습니다. 길어진 평균 수명 덕분에 100세 시대를 외치고 있으니 특히나 청년들에게는 '죽음'이 꽤 먼 이야기처럼 들립니다. 예수님 당시는 물론이고, 우리나라에 복음이 전해지던 1800년대 후반 사람들만 하더라도 50세를 넘기기 어려웠습니다. 30대라면 대부분 부모나 집안 어른들의 사망을 경험했을 것입니다. 영아 사망률이 높았으니 형제자매를 잃은 이들도 많았을 것입니다. 전쟁과 기근, 사건과 사고로 인한 죽음과 그 공포가 늘 그들 곁을 맴돌았을 것입니다. 그들에게 죽음은 그리 먼일이 아니었습니다. 당장 내게도 닥칠 수 있는 현실이었습니다. 그들은 '죽음'을 직면하며 자연스레 사후세계를 생각했습니다.

죽음이 분명해지면 드러나는 것들

  그때와 사뭇 다른 세상을 살아가는 우리가 '죽음'을 곱씹어봐야 할 이유가 있을까요? 몇 년 전 한 청년을 만났습니다. 30대에 갑작스레 발병한 희귀병으로 점점 몸이 쇠약해지다 몇 년 안에 사망하게 될 거라는 판정을 받았습니다. 청년은 눈물을 삼키며 말했습니다. "죽음이 분명해지니 어떻게 살아야 할지도 분명해집니다." 그렇습니다. 죽음에 대한 묵상은 삶에 대한 묵상과 맞닿아 있습니다. 만약 내일 죽게 된다면 당신은 당장 무엇을 하겠습니까? 나에게 가장 중요한 것이겠지요. 죽기 전에 하지 않으면 후회할 일들일 것입니다. 수많은 일 중에 꼭 해야 할 우선순위들이 명확해질 것입니다. 이 세상에서의 마지막 하루를 돈 버는 일, 쇼츠와 영상을 보는 일에 소비할까요? 통계적인 수명대로 살 수 있든, 앞서 언급한 청년처럼 의학적인 사망 선고를 받든, 우리가 죽는다는 사실은 확정입니다.

삶과 죽음을 대하는 태도

정신없이 바쁜 세상을 살고 있지만, 모든 상황을 단번에 멈춰 세우는 소식이 있습니다. 바로 죽음입니다. 사랑하는 가족, 친지, 지인들의 투병 소식이나 부고 앞에서 우리는 모든 계획과 일정을 조정합니다. 만사를 제쳐두고 그곳으로 달려갑니다. 고인에게 큰 영향을 받거나 친밀한 관계에 있던 사이라면 우리는 더욱더 '죽음' 가까이에 설 수 있습니다. 추상적으로 생각되던 '죽음'의 실재를 마주하며 삶의 방식과 가치관, 태도를 돌아보게 됩니다. 그래서 소중한 사람의 죽음을 기점으로 전혀 새로운 삶을 살게 되었다는 고백들을 접하곤 합니다.

'죽음'은 남의 이야기가 아니라 나의 이야기입니다. 통계상 과거보다 오래 살게 되었다는 것이지 모두가 그렇다는 말은 아닙니다. 아무도 자신의 앞날을 장담할 수 없습니다. 갑자기, 불시에 죽음을 맞이할 수 있습니다. 우리는 오늘 살았으나 설사 내일 눈 뜨지 못한다 해도 전혀 이상할 것이 없는 세상에서 살고 있습니다. 당신이 생각한 '죽음'은 무엇입니까? 죽고 싶은 순간이 있었을 것입니다. 혹은 죽을까 봐 두려운 순간도 있었을 것입니다. '죽음'을 생각하려고 보니 현재의 '삶'이 딸려 옵니다. 속을 들여다보니 관계와 형편들이 실타래처럼 복잡하게 얽혀 있습니다. 죽음과 관련된 이것도, 저것도, 내가 해결할 수 있는 일이 별로 없다는 사실을 깨닫게 됩니다.

대부분의 종교가 죽음과 관련해서 생겼습니다. 죽음이 두렵기 때문이죠. 죽은 다음에 무엇이 있을지 궁금하기 때문입니다. 진시황이 불로초를 구하러 얼마나 많은 노력을 했는지 기억해 보시면 됩니다. 얼마나 많은 왕의 무덤에 내세에도 쓸 무엇인가가 가득한지 떠올려 보십시오. 그들은 죽음이 꽤 가까이에 있었습니다. 그래서 그렇게 살아 있을 때 시간과 자원을 쪼개어 죽음 혹은 죽음 이후를 위해서 사용했습니다. 그런데 지금은 종교 자체가 소멸하는 시대입니다. 내세에 대해서 관심이 없어지고 있습니다. 그러니 죽음에 대한 두려움도 일반적인 삶에서는 희미해지고 우리의 무능함과 내세에 대한 궁금증도 옅어지기 시작한 것입니다. 그것을 위한 지금의 삶을 어떻게 해야 할지에 대한 생각도 말입니다.

'죽음'은 가장 인간적인 것입니다. 하나님은 죽으실 수 없습니다. 그러나 인간은 모두가 죽습니다. 인간은 시간으로도, 능력으로도, 과학과 의학의 기술로도, 의지로도 죽음을 핸들링할 수 없는 유한한 존재입니다. 마치 하나님인 양 내 뜻대로 살아왔으나, 죽음 앞에는 도리가 없는 것입니다. 비로소 자신이 하나님이 아니라 피조물임을 고백하게 되는 것입니다. 이렇듯 하나님과 피조물의 관계가 바로 설정될 때, 그제서야 하나님을 바로 볼 수 있습니다. 하나님을 인격적으로 만난 사람들의 간증에 유독 '죽음'에 관한 이야기가 많은 이유가 여기 있습니다. 생물학적 죽음뿐 아니라 사회적 죽음, 인격적 죽음, 심리적 죽음의 순간에 우리는 '나의 하나님'을 본격적으로 만나게 됩니다.

'죽음'에 대한 생각과 문제들은 각각이지만 해결책은 유일합니다. 그리스도의 십자가와 부활입니다. 죽음에 대해서 크게 와닿지 않고, 관심이 없어진 요즘에 이런 사후세계 혹은 죽음에 대한 해결책을 생각하지 못하는 것이 어찌 보면 당연합니다. 말하자면 우리는 우리의 죽음을 해결하신 예수님을 아주 실제적으로 떠올리고 감사하기 쉽지 않을 수 있다는 말입니다. 죽음이 두려운 것도 좋은 감정은 아니지만 죽음이라는 실재하는 마지막을 생각하지 않으니, 구원에 대한 갈증도 없는 세대를 우리는 지나고 있습니다.

예수님은 빛이시며, 길이요 진리요 생명이십니다. (요 8:12, 14:6). 빛이신 예수님을 영접하여 내 안에 모실 때, 존재와 삶에 드리운 어두움이 물러갑니다. 주님은 갈 바를 알지 못하고 헤매던 광야에 길이 되십니다. 오늘 걸어야 할 소명의 구간을 보이시고 그 길을 완주한 이에게 내일만큼의 소명도 보이십니다. 우리의 과거, 현재, 미래가 그분의 손안에서 빚어질 때 죽고 싶은 인생에서 살고 싶은 인생으로 변하게 됩니다. 진리이신 예수님은 변화무쌍한 세상, 변덕이 난무한 세상에서 변하지 않는 참된 가치를 일깨우십니다. 그분이 내 안에 들어오실 때, 존재와 삶에 생명이 깃듭니다. 그분의 숨으로 호흡하는 자들은 비로소 생령으로 생기있게 삽니다. 내주하신 성령은 결코 나를 떠나지 않으십니다. 그분의 보호와 인도하심과 가르침 안에 있는 자들은 소명의 길을 걸으며 매일의 치유와 회복과 구원을 경험합니다. 태초에 말씀으로 천지를 창조하셨던 하나님은, 지금, 여기에서 펼쳐 든 말씀을 통해 나와 내가 속한 공동체를 새롭게 창조하십니다.

죽음에 관한 생각이 정리되면 삶을 바라보는 눈이 달라집니다. 삶에 대한 이해와 고난, 갈등, 관계의 문제를 전혀 다른 시각에서 접근하게 됩니다. 라이프 스타일과 방식의 변화는 말할 것도 없겠지요. 하나님과 동행하는 길, 소명의 길은 막연한 포기와 헌신의 길이 아닙니다. 유한한 나의 방법과 능력을 인정하고, 무한하신 하나님과 그분의 능력을 경험하게 되는 복된 선택입니다. 하나님은 그저 말씀을 듣고 순종하며 걷는 그 길 안에서 나와 너와 우리를 빚어 가십니다. 과거와 현재와 미래를 빚어 가십니다. 한 손가락으로만 일하지 않으시고, 우리가 미처 보지 못하고 헤아리지 못하는 그곳, 그 시간 안에서도 열 손가락으로 바쁘게 움직이며 일하십니다. 나를 위해 살게 하실 뿐 아니라 그런 나를 통해 남 또한 살리십니다. 오늘도 하나님은 우리를 위해 열심을 내고 계십니다.

마치 영원히 죽지 않을 것처럼 오늘을 보내고 있지는 않은가요? 오늘은 어제와 똑같은 날이 아닙니다. 오늘은 당연한 날이 아닙니다. 아직 하나님 앞에 회개하지 못한 일로 인해 내게 허락하신 시간이요, 아직 감당할 사명이 있기에 주신 새로운 날입니다. 오늘은 아직 내가 걸어보지 못한 새로운 날입니다. 어제의 말씀이 아니라 오늘의 말씀을 들으십시오. 신선한 기름 부으심을 경험하십시오. 어제에 대한 후회로 주저앉지 말고, 내일에 대한 근심으로 주저하지 마십시오. 오늘 아침 나를 깨우셨다면 오늘을 살아갈 힘 또한 공급하신 것입니다. 오늘의 소명, 오늘의 삶을 누리고 살아내십시오.

전도서 12장

01. 너는 청년의 때에 너의 창조주를 기억하라 곧 곤고한 날이 이르기 전에, 나는 아무 낙이 없다고 할 해들이 가깝기 전에
02. 해와 빛과 달과 별들이 어둡기 전에, 비 뒤에 구름이 다시 일어나기 전에 그리하라
03. 그런 날에는 집을 지키는 자들이 떨 것이며 힘 있는 자들이 구부러질 것이며 맷돌질 하는 자들이 적으므로 그칠 것이며 창들로 내다보는 자가 어두워질 것이며
04. 길거리 문들이 닫혀질 것이며 맷돌 소리가 적어질 것이며 새의 소리로 말미암아 일어날 것이며 음악하는 여자들은 다 쇠하여질 것이며

05. 또한 그런 자들은 높은 곳을 두려워할 것이며 길에서는 놀랄 것이며 살구나무가 꽃이 필 것이며 메뚜기도 짐이 될 것이며 정욕이 그치리니 이는 사람이 자기의 영원한 집으로 돌아가고 조문객들이 거리로 왕래하게 됨이니라
06. 은 줄이 풀리고 금 그릇이 깨지고 항아리가 샘 곁에서 깨지고 바퀴가 우물 위에서 깨지고
07. 흙은 여전히 땅으로 돌아가고 영은 그것을 주신 하나님께로 돌아가기 전에 기억하라
08. 전도자가 이르되 헛되고 헛되도다 모든 것이 헛되도다
09. 전도자는 지혜자이어서 여전히 백성에게 지식을 가르쳤고 또 깊이 생각하고 연구하여 잠언을 많이 지었으며
10. 전도자는 힘써 아름다운 말들을 구하였나니 진리의 말씀들을 정직하게 기록하였느니라
11. 지혜자들의 말씀들은 찌르는 채찍들 같고 회중의 스승들의 말씀들은 잘 박힌 못 같으니 다 한 목자가 주신 바이니라
12. 내 아들아 또 이것들로부터 경계를 받으라 많은 책들을 짓는 것은 끝이 없고 많이 공부하는 것은 몸을 피곤하게 하느니라
13. 일의 결국을 다 들었으니 하나님을 경외하고 그의 명령들을 지킬지어다 이것이 모든 사람의 본분이니라
14. 하나님은 모든 행위와 모든 은밀한 일을 선악 간에 심판하시리라

| 더 깊이 생각해보기 |

❶ 당신이 가장 가까이 경험한 '죽음'은 무엇입니까?
- 생물학적 죽음, 사회적 죽음, 인격적 죽음 외

❷ 죽음에 대한 경험과 생각이 내 삶에 미친 영향이 있습니까?

❸ 나에게 허락된 시간이 단 1년이라면?
- 무엇으로 그 기간을 채우시겠습니까?
- 꼭 하고 싶은 10가지 일을 적어봅시다.

❹ 지금 내 삶을 채우고 있는 것들 10가지를 적어봅시다.
- 위에서 이야기한 1년을 채운 10가지 일과 어떻게 다른가요?

❺ 이제 내게 주어진 남은 삶을 어떻게 바꿔가야겠다고 생각합니까?

MEMO

10장

평범한 그리스도인의 특별한 소명

하나님은 한 사람도 빠짐없이, 우리 모두에게,
이루기로 작정하신 특별한 소명을 주셨습니다.
내 안에서 역사하시는 성령님으로 인해, 나에게 주신 특별한 소명 덕분에,
우리는 특별한 삶을 누릴 수 있습니다.

평범한 그리스도인

당신의 주변에 특별하다고 생각되는 사람이 있습니까?
 청소년기에는 누구나 스스로 대단한 사람이 되기를 꿈꿉니다. 내게도 어느 날엔가는 세미한 음성이 들리거나 특별한 떨기나무가 나타날 것이라 기대했을 것입니다. 시간이 흐르고 청년이 되어 세상에 나오고 보니 '아, 나는 그리 대단한 사람이 아니구나' 현실을 인식하는 때를 맞게 됩니다. 특별한 사람이 될 수 있을까에 대해 의심하며 꿈꾸는 것조차 주춤하게 됩니다. 스스로를 '평범한 사람'으로 인지하게 됩니다. 그러나 우리는 그냥 '평범한 사람'이 아닌 '그리스도인'입니다. 그리스도인이라는 호칭에는 우리의 정체성이 오롯이 담겨 있습니다. 우리는 '그리스도의 사람입니다. 예수님이 내 존재와 삶의 방식이 되는 것입니다. 신앙의 영역뿐 아니라 일상의 모든 영역에서 예수로 보고, 듣고, 생각하고, 결정하는 이들이 그리스도인입니다. 즉, 수식어인 '그리스도'로 인해 평범하지만, 절대 평범하지 않은 존재가 되는 것입니다.

'그리스도'라는 말 이상의 수식어는 세상에 존재하지 않습니다. 우리는 하나님이 주신 독특하고 반짝이는 달란트를 가졌습니다. 서로 다르지만 우열을 정할 수 없기에 우리는 모두 동등한 가치를 지닌 '그리스도인'입니다. 또한 그 어떤 수식어도 필요치 않은 존재입니다. 그리스도인 모두가 가진 가치는 동등하지만 결코 계산할 수 없을 정도의 엄청난 가치입니다. 믿는 자 한 사람, 한 사람이 '예수님'의 십자가 죽음, 피 값으로 사신 '예수님짜리' 존재이기 때문입니다. 그러므로 '그리스도인'이라는 단어 자체는 이미 최상과 최고의 가치를 담고 있습니다. '특별한' 그리스도인이라는 수식어가 따로 필요치 않은 것입니다.

특별한 소명과 특별한 삶

그러나 각자가 지닌 소명은 '특별'합니다. 세상은 우리의 가치를 세속적 기준에 따라 등급을 나누고 차별하지만, 그리스도인으로서의 '나'는 남들과 비교할 수 없는 나만의 가치와 존재 이유를 지니고 있습니다. 세상은 모든 이에게 특정한 스펙과 요건, 직업을 갖춰야 특별한 존재가 된다고, 성공한다고 압박합니다. 그러나 우리가 특별한 존재인 것은 그리스도와의 관계 때문이며, 그 관계 안에서 부여받은 독특한 소명 때문입니다. 세상은 달란트와 소명대로 사는 삶으로는 성공할 수 없다고, 안정된 삶을 영위할 수 없다고, 생계조차 유지하지 못할 거라며 두려움을 유발합니다. 사탄은 속이는 영입니다. 속지 마십시오. 하나님은 소명과 달란트를 부여하시면서 영, 혼, 몸 전체가 만족할 만한 몫과 분복을 예비하셨습니다.

크리스천 유명 인사들의 간증은 신자뿐 아니라 불신자들에게 높은 영향력을 미칩니다. 그러나 그들이 불미스러운 사건에 휘말리면 도리어 복음의 걸림돌이 되는 경우를 종종 봅니다. 간증을 통해 기대하는 바가 무엇입니까? 하나님을 믿으면 하나님께서 나를 높이셔서 이름을 떨치고,

부와 명예를 얻게 되며, 유복한 삶을 보장받는다는 잘못된 결론에 도달하고 있지 않습니까? 좋은 간증은 말하는 이나 듣는 이 모두를 '하나님'께로 집중시킵니다. 개인의 특별함이 아니라 그를 통해 일하신 하나님의 특별하심이 부각됩니다. 승리나 성공으로 끝나는 간증만이 선한 영향력을 미치는 것은 아닙니다. 상황은 여전하고 주변 모두가 고개를 젓는 절망적인 상황임에도 하나님을 향하는 변함없는 믿음이 도리어 감동과 도전을 선사할 수 있습니다. 그러므로 모든 간증은 '드라마틱한' 무언가 때문이 아니라 살아서 역사하시는 주님으로 인해 특별합니다.

오병이어 이야기를 떠올려 보십시오(요6:8-13). 오천 명 넘는 이들이 배고픈 상황입니다. 군중들 가운데는 만일을 대비해 음식을 챙겨온 이들이 있었을 것입니다. 그러나 자기 음식을 내어놓은 사람은 한 아이가 유일했습니다. 특별하다거나 먹음직스럽고 탐스럽다는 이야기가 따로 없습니다. 평범한 떡 다섯 개, 물고기 두 마리였습니다. 아이는 어떤 마음으로 음식을 내놓았을까요? 특별한 것을, 특별히 준비하여 내놓았을까요? 그렇지 않습니다. 지극히 평범하고 어떤 면에서 초라해 보일 수 있는 것임에도, 떡 다섯 개, 물고기 다섯 마리를 내놓는 것은 당시 아이가 보일 수 있는 최선의 반응이었습니다.

특별한 것을 내놓으려 애쓰지 마십시오. 조금만 더 준비하겠다고 망설이지 마십시오. 하나님 앞에는 그 어떤 특별함도 대단한 것이 아닙니다. 하나님은 특별한 무언가가 아니라 지금, 여기에서 그분을 향해 최선을 다해 반응하길 원하십니다. 하나님은 나를 잘 아시고 나의 상황 또한 잘 아십니다. 주님은 과부의 두렙돈을 기쁘게 받으셨습니다 (막21:42). 그가 가진 전부, 최선의 반응이었기 때문입니다. 주님은 무언가 부족해서 내 것을 요청하신 것이 아닙니다. 주님은 평범한 떡과 물고기로 오천 명을 먹이신 분입니다. 나를 향한, 나를 통한 하나님의 계획이 있습니다. 평범하고 때로 내놓기조차 민망한 수준이라도 하나님은 그 위에 축사하실 것입니다. 나뿐 아니라 주변 모두가 나로 인해 '배부르게' 하실 것입니다. '아직 준비가 필요하다'는 말 뒤로 숨지 마십시오. 내가 파악하고 예상한 소명의 목적과 하나님의 목적이 다를 수 있습니다.

소명대로 살아가기

오병이어 이야기 속의 아이는 이후 어떤 삶을 살게 되

었을까요? 일평생 한번 겪을까 말까 한 엄청난 기적의 재료를 제공한 당사자로서 누구를 만나든 매번 이 이야기를 나누지 않았을까요? 사람들이 믿든 말든 매일 그 일을 증언했을 것입니다. 비슷한 상황에 부닥쳤을 때, 이미 역사를 경험해 본 자로서 일 초의 망설임 없이 당장에 가진 모든 것을 내놓았을 것입니다. 하나님의 역사는 재료나 도구에 달려있지 않음을 일찌감치 경험한 것입니다. 이것이 제자도의 시작입니다. 어떤 이유에서건 당시 현장에 있었으나 어린아이처럼 결단하지 않은 이들은 '눈앞에서' 기적을 목격할 기회를 놓쳤습니다. 수많은 군중에 휩싸였다가 뒤늦게 일의 전후를 전해 듣고 '나도 내놓을걸' 후회하지 않았을까요? 그들 또한 이후 비슷한 정황을 맞닥뜨렸을 때 주저함 없이 반응했을 것입니다. 하나님의 일과 역사에 대한 증언들을 들었고, 간접적으로나마 경험했기 때문입니다. 이제는 기적의 현장 한 가운데서, 기적을 직접 경험하는 당사자가 되기를 기대하고 소망했을 것입니다.

순종을 통한 구원의 경험은 더 큰 순종을 불러옵니다. 나의 순종과 구원을 지켜본 주변 사람들의 순종 또한 촉발하게 됩니다. 작은 순종에서 더 큰 순종으로 나아가며, 작은 믿음에서 더 큰 믿음으로 성장해 나갑니다. 소명을 통한 하나님 경험은 하나님과 나의 관계를 더욱 깊고 넓게 만드는 것입니다. 더불어 주변으로 옮아가고 확장되어 갑니다. 소명은 '완수'가 목적이거나 달성해야 할 퀘스트 같은 것이 아닙니다. 하나님과 함께 길을 걷고, 보폭을 맞춰 걸으며, 그 길에서 보이시는 모든 것들을 만끽하며 누리는 복된 여정입니다. 소명을 주시는 분도 하나님이며, 소명을 이루실 분도 하나님입니다. 이 소명을 완수할 수 있을까 근심하지 마십시오. 하나님이 소명을 주신 것은 이미 그 소명을 이루기로 결정하셨기 때문입니다.

'소명'이 아직도 멀리 있는 누군가의 이야기처럼 들리십니까? 바로 당신의 이야기입니다! 하나님은 한 사람도 빠짐없이, 우리 모두에게, 이루기로 작정하신 특별한 소명을 주셨습니다. 내 안에서 역사하시는 성령님으로 인해, 나에게 주신 특별한 소명 덕분에, 우리는 특별한 삶을 누릴 수 있습니다. 소명의 삶은 나의 제 자리에서, 가장 나다운 모습대로, 성령을 통해 예수님의 말씀으로 듣고 하나님의 새 창조에 동역하는 삶입니다. '그리스도인'으로 소명을 따르는 삶이야말로 시대를 불문하여 가장 특별하고, 가치 있고, 변함없는 최고의 삶일 것입니다.

| 더 깊이 생각해보기 |

❶ 당신이 특별하다고 생각하는 것은 무엇이 있습니까?

❷ 나의 정체성, 나의 특별함은 무엇으로부터 시작됩니까?

❸ 나의 오병이어는 무엇입니까?
- '오병이어'에 대한 나(타인, 세상)의 평가는 어떠합니까?
- 즉시 내어놓을 준비가 되어 있습니까?
- 아니라면 왜 그렇습니까?

❹ 작은 순종, 작은 믿음을 통해 하나님(구원)을 경험한 일이 있습니까?
- 이 일은 당신의 이후 인생에 어떤 영향을 미쳤습니까?
- 주변 사람들에게 어떤 영향을 미쳤습니까?

❺ 훈련을 마치며 내가 이해한 소명의 정의를 정리해 봅시다.

❻ 훈련을 마치며 감사와 결단의 기도문을 써봅시다.

MEMO